专断性医疗行为刑法处遇问题研究

Research on The Criminal Responsibility of Arbitrary Medical Behavior

杨 柳 著

东南大学出版社
·南京·

图书在版编目(CIP)数据

专断性医疗行为刑法处遇问题研究/杨柳 著. —南京:东南大学出版社,2015.12
ISBN 978-7-5641-6201-6

Ⅰ.①专… Ⅱ.①杨… Ⅲ.①医疗事故–法律责任–研究–中国 Ⅳ.①D922.164

中国版本图书馆 CIP 数据核字(2015)第 304465 号

★ 湖北省社会科学基金(立项号:2014134)

专断性医疗行为刑法处遇问题研究

出版发行:东南大学出版社
社　　址:南京四牌楼 2 号　邮编:210096
出 版 人:江建中
网　　址:http://www.seupress.com
经　　销:全国各地新华书店
印　　刷:南京玉河印刷厂
开　　本:787 mm×1092 mm　1/16
印　　张:10.25
字　　数:256 千字
版　　次:2015 年 12 月第 1 版
印　　次:2015 年 12 月第 1 次印刷
书　　号:ISBN 978-7-5641-6201-6
定　　价:48.00 元

本社图书若有印装质量问题,请直接与营销部联系。电话:025-83791830

内容摘要

作为刑法学研究的一个分支，医事刑法日益成为刑法学研究的热门领域，这固然与医患矛盾、医疗事故的增多相关，也与医事刑法自身的独特性、交叉性有关。专断性医疗行为的刑法处遇问题是医事刑法领域中一个细小但颇为复杂的问题。所谓专断性医疗行为是指欠缺患者同意而实施的医疗行为，它既是民法上的侵权行为，也可能是刑法上的犯罪行为。对于刑法意义上的专断性医疗行为而言，它需具备欠缺患者同意、侵袭性和实质性损害三个特征。

专断性医疗行为本质上是对告知同意原则违反的行为。因此，专断性医疗行为具备义务犯的基本属性。告知同意原则本系英美法系产物，经域外传入我国后已由我国医疗法规所确认。告知同意原则的核心在于患者同意，这是医患关系由以医生为中心转向以患者为中心的反映。患者同意背后矗立的是患者自我决定权，该权利受到民法和刑法等多种性质的法律保护。在刑法领域，自我决定权表现为被害人承诺、自陷风险、被害人的自诉权等。只要医生违反告知义务、患者没有承诺且医生不告知与欠缺患者承诺之间具有因果关系，就能认定医方责任。违反告知同意原则的专断性医疗行为一般应当承担责任，但在紧急情况和强制医疗等情形下存在例外。在刑事医疗诉讼中，鉴定机构和法院的关系应当是刑法上的“归因”与“归责”的关系。归因是因果关系的判断，是事实判断；归责是刑事责任的判断，是价值判断。归责应以归因为前提，无法归因即无法归责。

对于专断性医疗行为构成要件该当性的判断，主要是判断医生是否违反告知义务。告知义务履行的主体是医生。告知对象主要是患者，在患者无法被告知情形下，告知患者亲属或者关系人可以视为告知。告知方式以书面为主，口头为辅。对于告知义务履行的判断标准而言，存在合理性医生标准说、合理性病患标准说和折中说等多种学说。本书赞同“理性医生”与“具体患者”之间的折中说，且应当以“具体患者为主、理性医生为辅”进行判断。对专断性医疗行为违法性判断而言，关键在于患者同意的认定。患者同意反映在刑法理论上即被害人承诺理论。在德日刑法阶层化犯罪论体系中，存在被害人承诺是阻却构成要件该当性事由，还是违法性阻却事由的争议。本书认为，被害人承诺理论法理根基在于利益衡量，因而应当在违法性领域讨论。在我国犯罪论体系中，被害人承诺理论应当在犯罪客观要件中讨论，并且应当置于行为要素。有效的承诺取决于被害人是否具有同意能力。在法有明文规定的情况下，同意能力的确定应当遵循法律规定；在法无明文规定的情形下，同意能力的确定区分为与人身相关的利益和与财产相关的利益分别界定。至于专断性医疗行为的有责性判断，主要是涉及故意、过失的定位以及认定。本书认为，应当将故意和过失认定为责任要素。

关于专断性医疗行为的刑事归责，域外各国和地区存在不同的学说和判例。在以德日为代表的大陆法系，对于专断性医疗行为入罪问题，实务界基本持肯定态度，在理论界仍有争议。在英美法系，则基本认为专断性医疗行为应属民事侵权行为，不构成犯罪。本书认为，将专断性医疗行为仅认定为民事侵权行为不符合现实状况，专断性医疗行为具有成立犯罪的可能，将专断性医疗行为纳入刑法规制并不违反刑法谦抑性原则。当然，由于专断性医疗行为存在具体类型上的差异，故具体罪名的确定应当根据行为类型以及案件的具体情况分别确认。

ABSTRACT

As a branch of criminallaw research, medical criminal law has increasingly become the hot area of criminallaw research, it is associated with increased medical contradiction, medical accident, also related to the uniqueness and cross of medical criminal law itself. Arbitrary medical behavior is a small but very complicated problem in the field of medical criminal law. Arbitrary medical behavior refers to implement medical behavior but lack of patients agree, it is not only an infringement on civil law, also may be a crime in criminal law. For medical arbitrary in the sense of criminal law, it is required three characteristics those are lack of patients consent, invasive and substantial damage.

Arbitrary medical behavior in essence is to inform the agreed obligation violation behavior, therefore, arbitrary medical behavior has the basic attributes of duty crime. Informed consent principle is a product of Anglo-American law system, it has been confirmmed by Chinese medical regulations. Informed consent principle is at the heart of patients agree that it is the doctor-patient relationship from the doctor centered to patient centered. Patients consent have refiected the self-determination, the right protected by civil law and criminal law, and other properties of the law. In the field of criminal law, self-decision-making right has performances for the victim to the risk, the victim's commitent, the right of the victim private prosecution and so on. As long as the patients did not violate the inform obligation, a commitment and doctors are told that a causal relationship between patients with lack of commitment can be determined under the condition of prescriptions. Violation of medical informed consent principle of arbitrary behavior shall generally be liable, but in an emergency and compulsory medical situations such as there are exceptions.

For the judgment of arbitrary medical behavior is compliance to the constitutive, is mainly to judge whether the doctor in violation of the inform obligation. The body of the inform obligation to perform is a doctor. Told object mainly patients, in patients unable to be informed circumstances, informed patient relatives or related parties can be regarded as informed. Inform way in writing is given priority to, oral is complementary. For the inform obligation to execute the judgment standard, existence rationality doctor theory and rationality patients theory, compromise theory between rationality doctor theory and rationality patients theory, etc. This book agree compromise theory between rationality doctor theory and rationality patients theory, and the specific patients should be thought mainly, the doctor is secondary. For arbitrary medical behavior illegality judgment, is the key of patient's consent. patient's consent that reflected in the criminal law theory, namely the victim commitment theory. Stratification in German and Japanese criminal law theory of crime system, there is the victim commitment theory should be in constitutive or in the field of illegality. This book argues that the victim commitment theory legal foundation is interest measure commitment theory, and thus should be discussed in the field of illegality. In our criminal theory system, the victim commitment theory should be discussed in the objective elements of the crime, and should be placed on behavioral elements. Effective commitment depends on whether the victim has agreed to ability. Are prescribed in the situation, agree with the ability to determine shall follow the laws and regulations; Under the situation of no clear stipulation, agree with the ability to determine divided into related to personal interests and related to the property definition respectively. As for resposibility of arbitrary medical behavior judgment, mainly involving intent, negligence location and recognition. This book argues that intent and negligence shall be identified as factors of responsibility.

About criminal imputation of a arbitrary medical behavior, outside countries and the area there are different theories and cases. Represented in Germany and Japan, continental law system, should arbitrary medical behavior be criminal offence, held a positive attitude to practice basic, in the theoretical circle is still controversial. In the Anglo-American law system, the basic thought arbitrary medical behavior should belong to the civil tort, does not constitute a crime. This book argues that the arbitrary medical behavior only regarded as tort behavior does not conform to the reality, arbitrary medical behavior has established the possibility of crime. It is not in violation of the austerity of criminal law principle. Of course, there is a specific type of medical behavior due to arbitrary differences, therefore, the determination of the specific charges shall be according to the actual circumstances of the behavior type and the cases were confirmed.

目 录

前 言

一、背景与理由

晚近以来,医事刑法作为刑法学的一个新的分支在域外颇受重视,在我国却属于萌芽阶段,研究较少。医事刑法简单来说主要是研究医疗领域中与医疗行为相关的犯罪问题。我国刑法尽管规定了诸如医疗事故罪等与医疗行业相关的罪名,但关于医事刑法基础理论问题的研究却较为匮乏。在我国,医疗侵权行为一般都作为民事纠纷处理,鲜有刑法介入或者追究刑事责任。在这样的背景下,研究专断性医疗行为的刑事责任问题,多少显得有点不合时宜。然而,熟知非真知,存在的不一定就是合理的。医疗侵权行为较少承担刑事责任并非不能承担刑事责任,对专断性医疗行为而言亦是如此。从既有的研究来看,国内学界研究领域多集中于医疗行为含义的界定以及如何对医疗技术的发展所带来的危害进行刑法规制等方面,而没有集中研究医事刑法的基本理论问题;从司法实践来看,据笔者所掌握的案例,多数医疗犯罪的的判决多采用"严重不负责任,因而导致严重后果发生,故而认定为犯罪"的句式,其中过失的认定、医疗行为与损害后果之间的关系、如何评价鉴定机构的鉴定结论等都语焉不详,因而导致整个判决说理不充分,难以让人信服。

在医事刑法领域内诸多问题之中,作为违反告知同意原则的专断性医疗行为是其中重要的基础性问题。这是因为:第一,专断性医疗行为违反了告知同意原则,而告知同意原则是医患关系由以医生为中心到以患者为中心的体现。在现代医疗理念之下,随着个人权益日益受到重视,强调患者个人权益并保护其充分行使自我决定权成为医疗领域十分重要的原则。第二,专断性医疗行为既可能是民事侵权行为又可能成为犯罪行为,如何对专断性医疗行为进行恰当归责成为理论和实践中的难题。第三,在专断性医疗行为构成犯罪的基础上,如何具体认定此类行为的刑事责任是学界研究较少但亟需解决的问题。并且,以此为基础构建专断性医疗行为的归责原则对理论和司法实践都具有重要意义。专断性医疗行为虽属医事刑法中一个较为细微的问题,但其牵一发而动全身,该问题涉及医疗行为的性质、告知同意原则、被害人承诺等医疗领域和刑法理论中许多重大问题。从这个角度来说,专断性医疗行为犹如一面镜子,既能反映出医事刑法研究的全貌,也能照见医事刑法研究的深度。专断性医疗行为可以作为一个立足点和辐射源,研究其刑事处遇问题可以深化医事刑法基础理论研究并对其具体应用大有裨益。

二、研究现状

(一)国内研究现状

可以说,我国对于医疗犯罪的关注肇始于 1997 年新刑法的修订将医疗事故罪等涉医犯罪纳入刑法规制。进入新世纪以后,随着医患纠纷的增多以及医疗领域犯罪的频发,开始逐渐关注和研究医疗领域的刑事犯罪。据笔者所掌握的资料来看,以医疗刑法为研究对象的第一本专著应当是杨丹的《医疗刑法研究》,该专著主要论述了国内外医疗刑事立法状况、注意义务与医疗过失的认定,医疗行为的正当化、医疗犯罪的刑事责任等问题。此外,藏冬斌的《医疗犯罪比较研究》主要参考借鉴境外刑法理论界较为成熟的研究成果,以我国刑法的规定为依据,并在此基础上建立和发展我国的医疗犯罪理论体系。随着研究的进一步深入,我国大陆地区的医事刑法研究触及了该领域的一些基本性问题,比如知情同意原则、注意义务以及医疗过失的认定等。专断性医疗行为的核心在于告知同意原则之违反,两者是一体两面的关系,可以说,对告知同意原则的研究就是对专断性医疗行为的研究。赵西巨的论文《从知情同意原则的历史渊源和发展轨迹看其所保护之权利和性质》和夏芸的论文《患者自己决定权和医师裁量权的冲突——评“病人基于宗教信仰拒绝接受输血案”》对告知同意原则在英美法上的演变和日本司法实践中的具体操作作了较为详细的论述,是具有代表意义的论文。针对医疗义务履行的判断问题,臧冬斌的《日本刑法中的医疗水准论》、夏芸的《再考“医疗水平论”及医疗过失判断标准》对于日本刑法中的医疗义务履行判断标准即“医疗水准”进行了较为详细的论述,这对告知义务履行的判断提供了借鉴。此外,曹菲的《医事刑法基本问题研究》一文虽不直接针对专断性医疗行为,但其着眼于医事刑法基础理论,对医疗行为、团队医疗行为责任问题进行深入论述,其研究结论对于厘定医疗行为与专断性医疗行为的关系具有重要意义。上述研究虽然涉及专断性医疗行为刑法处遇问题的一些内容,但并未直接针对专断性医疗行为的刑事责任问题。因此,冯军教授的《专断性医疗行为的刑事处罚及其界限》可谓研究这一问题的代表作。在该文中,作者详细梳理了德日刑法中关于专断性医疗刑法处遇问题的理论和判例,认为应当有限度地认定专断性医疗行为的刑事责任,但该文不足之处在于没有很好地界分医疗行为、专断性医疗行为以及专断性医疗行为的具体类型,从而导致对专断性医疗行为刑事归责不准确。另外,贾黛舒的硕士论文《专断医疗行为相关法律问题初探》虽然专门针对专断性医疗行为进行研究,但主要是从民事法的视角展开论述，基本不涉及专断性医疗行为的刑法处遇问题。

与我国大陆地区研究不同的是，我国台湾地区对医事刑法的研究广泛而深入。王皇玉的《整形美容、病人同意与医疗过失中之信赖原则》与陈子平的《医疗上"充分说明与同意"之法理在刑法上的效应》详细论述了告知同意原则在刑法中的应用，其研究成果表明，违反告知同意原则不但可以成立过失犯罪，更能认定为故意犯罪。医生的告知针对患者同意，患者同意是告知同意原则的另一重要方面。林东茂的《医疗上病患同意或承诺的刑法问题》对被害人承诺在犯罪论体系上的定位和意义进行了深入阐述，是研究患者承诺（被害人承诺）在刑法上效应的代表作。此外，曾淑瑜的《医师之说明义务与病人之同意》与杨秀仪的《告知后同意法则之司法实务发展》两文主要是从实务角度展开，认为违反告知同意原则的专断性医疗行为仅构成民事侵权，并未涉及刑事犯罪的问题。针对患者同意的理论根基，王志嘉的论文《论医疗上"病人自我决定权"及其刑法相关问题》论证了患者同意体现的是病患的自我决定权，并认为侵害患者自我决定权可以构成刑法上的犯罪。与大陆地区研究相比，台湾地区学者的研究较为深入地涉及专断性医疗行为刑法处遇的一些核心问题。与此同时，结合现实案例和司法判例进行研究，并通过此种研究对既有理论进行检验和纠偏是台湾医事刑法研究的一大特色。总体而言，台湾地区对于告知同意原则的研究比较全面深入，但其对于告知义务内容与判断标准、医事裁量权和患者自我决定权的界分、患者承诺在犯罪论体系上的意义等问题研究存在缺陷。

通过上述分析表明，就目前我国国内专断性医疗行为刑法处遇问题研究的现状而言，存在着研究目标分散、研究深度欠缺、研究结论空泛等问题。第一，研究目标分散。我国大陆地区的研究主要集中于既有的医疗事故罪等具体的罪名而并不太涉及医事刑法的基本理论。并且，很多论文着眼于医疗技术发展带来新的风险并因此应当对其进行刑法规制等领域，基本上没有涉及专断性医疗行为的研究。第二，研究深度欠缺。研究目标和领域的偏差直接导致了研究深度的欠缺。在医事刑法领域，专断性医疗行为是常见的侵害患者权益的行为，但我国学界和司法实践中研究该问题的很少，少有的研究也是浅尝辄止。第三，研究结论空泛。此种状况主要表现为诸多论文采用"命题——外国规定——我国规定不足——完善我国规定"的模式，研究内容要么着眼于未来刑事立法研究，要么借鉴德日刑法的先进理论而不与我国现有的《执业医师法》《医疗事故处理条例》《医疗事故技术鉴定暂行办法》《侵权责任法》等法规结合起来进行研究，并且对判例的研究较为欠缺，这导致了我国相关的研究"不接地气"，难以有效指导和运用于司法实践。

（二）国外研究现状

笔者对国外专断性医疗行为研究资料的收集主要借助于大陆和台湾地区学者的

介绍、翻译的论文和著作。国外论著中涉及专断性医疗行为研究的主要有三大块：(1)英美法系关于告知同意原则的研究。王占明的《论英美法违反“告知后同意”过失侵权的构成要件》和赵西巨的《英美刑法中的“同意”抗辩》两篇论文具有代表意义。前者主要是从民事法角度对违反告知同意原则的行为即专断性医疗行为进行论述，且主要是从过失侵权展开。在英美法系中，专断性医疗行为侵权的认定需要满足医师未履行告知义务与患者损害之间具有因果关系条件，且医生可以因患者已知、紧急情况、医疗特权等事由而免除告知义务。后文的研究表明，英美法系对于“同意”在刑法上的意义一直沿袭两种进路：第一是“假定合法说”，被害人同意即认定该行为合法，除非损害公共利益，其旨趣是尊重个人自主价值；第二是“假定非法说”，认为伤害如果达到身体实际损害程度，“同意”并不能阻却违法，其背后以父权主义和道德论为支撑。后一理论在英美刑法理论中占据主导地位。但不论基于何种路径，医疗行为都是一种非刑事化的行为。总而言之，英美法系基本上把专断性医疗行为仅视为民事上的侵权行为，而不认为其构成犯罪。(2)大陆法系关于医疗行为性质的研究。王皇玉的论文《德国医疗刑法论述概说》勾勒了德国理论和实务界关于医疗行为性质的基本争议。德国理论界对于医疗行为采取“医疗行为非伤害说”，认为医疗行为不符合构成要件该当性，不是伤害行为；但实务界却奉行“医疗行为伤害说”，认为医疗行为符合构成要件该当性，是伤害行为，二者针锋相对。显然，德国实务界认为医疗行为具有成立犯罪的可能性，而专断性医疗行为是欠缺患者同意的医疗行为，当然可以构成犯罪。(3)针对专断性医疗行为的研究。甲斐克则在《医事刑法的基础理论》一文中指出，医事刑法是涉及刑法学与医学的交叉学科，既要尊重刑法学的基本原则，也需要保障患者的生命健康。在侵害患者自我决定权时，若严重损害患者健康则具有成立犯罪的可能。该文虽未直接言明专断性医疗行为的刑事归责问题，但对患者自我决定权的研究间接体现了作者对该问题的态度。乌尔里奇·施罗特(Ulrich Schroth)的论文《医疗专断行为中之医师的说明义务与德国法上关于器官捐助义务的说明》对德国关于专断性医疗行为的立法进行了介绍。虽然德国并未直接创设关于专断性医疗行为的法律规范，但对其可以进行刑事归责已经为大多数人所接受。

由上可知，域外医事刑法研究的重点主要在于告知同意原则的违反以及医疗行为的正当化，这些研究虽涉及专断性医疗行为，但却对其刑法处遇问题缺乏专门而深入的论述。概言之，在英美法系中，专断性医疗行为主要是作为民事侵权行为来定性的，基本不涉及刑事责任的认定问题；在大陆法系中，专断性医疗行为被认为具有成立犯罪的可能，需要探讨刑事归责问题。从这一点而言，本书的研究内容与以德日为代表的大陆法系刑法理论具有亲近性。

三、立场与观点

专断性医疗行为与告知同意原则是一个问题的两个方面:专断性医疗行为即违反告知同意原则的行为。告知同意原则的确立是人权运动发展、权利意识觉醒在医疗领域中的反映,体现了医患关系由以医生为中心的“家父主义”到以患者为中心的“个人主义”的转变。告知同意原则可以分为医生的告知和患者的同意,医生告知为前提,患者同意是核心,医生告知与患者同意之间应当具有因果关系——只有在医生充分告知的情况下患者才能同意。告知同意原则确立了以患者为核心的新型医患关系,这是处理医患纠纷、划分医疗责任乃至刑事归责的基本立场。专断性医疗行为是欠缺患者同意的行为,患者同意与刑法中的被害人同意理论是一脉相承的。在三阶层犯罪论体系中,理论上对于被害人承诺的定位问题研究细致而深入;在我国,被害人同意在犯罪论体系上的定位同样成为问题却关注较少。以被害人同意为代表的超法规阻却事由在犯罪论体系上的定位不仅关涉到超法规阻却事由本身,更涉及犯罪论体系的周延和自洽,是无法回避的重要理论课题。在维持我国四要件基本体系的前提下来探索被害人同意的体系定位,是当下我国刑法理论对于该问题回答的基本进路。它可以昭示这样的机理:三阶层体系面临的问题四要件体系同样面对;三阶层体系能够解决问题在四要件框架下也能解决。

以患者利益为核心作为基本立场,对于告知义务履行的判断具有纲领性意义。患者权利的行使和医生义务的履行背后实质上是医生与患者各自利益的划分。以医生利益还是以患者利益为核心对于医疗行为的归责具有重要意义:立场的不同导致责任划分迥异。专断性医疗行为从形式上而言是对告知同意原则的违反,实质上而言是对患者自我决定权的侵犯。进一步来说,专断性医疗行为可以导致患者自我决定权和身体权的损害。对于单纯侵害自我决定权而言,我国法律尚欠缺明文规定来厘定责任;对于侵犯身体权而言,既可以构成民法侵权行为,也可能成立刑法上的犯罪。因此,只要专断性医疗行为侵犯了患者的身体健康权或者生命权时,就具有承担刑事责任的余地。也正因为如此,以医生利益为核心进行考量,还是以患者利益为核心进行考量,对于医患之间责任的认定具有决定性意义。倘若以医生利益为核心,那么未经患者同意但为患者利益而实施的医疗行为则不构成侵权,更谈不上犯罪,并主张扩展医生自由裁量权而限缩患者的自我决定权;假若倾向患者利益,那么未经患者同意实施的医疗行为,即便是为了患者的健康,也可以构成民事上的侵权甚至刑法上的犯罪,并主张限缩医生的自由裁量权而扩张患者的自我决定权。由此可见,医生自由裁量权与患者自我决定权这对不可调和的矛盾本质上反映的是医患之间利益的对立。本书认为,在医患之间利益对立的情况下,应当倾向保护患者利益。这是因为,医患之间信息的不对称导致患者处于弱势地位，更为重要的是，医疗损害的后果仅仅由患者一方承担。这就要求医生实施诊疗行为更为审慎并附加患者的知情同意予以限制。

专断性医疗行为可以细分为无患者同意的专断性医疗行为和有患者同意的专断性医疗行为。后者又可以进一步划分为超越患者同意范围的专断性医疗行为和受欺骗或胁迫的专断性医疗行为。研究专断性医疗行为的刑法处遇问题，既能解决专断性医疗行为刑、民责任划分和具体归责，又能以此推动医事刑法理论的纵深发展，形成以点带线、以线带面的良性循环。可以说，专断性医疗行为是一个黄金支点，能撬动医事刑法整座学术富矿。

四、方法与路径

关于专断性医疗行为刑法处遇问题的研究，必然涉及两个交叉：一是法学与医学的交叉，具体体现为刑法学与医学的交叉；一是刑法与民法的交叉，具体体现为民事侵权与刑事犯罪认定问题上的交叉。前者是法学与其他专业领域的交叉，而后者则是法学领域内各部门法之间的交叉。这种交叉的存在必然要求跨学科研究以及多种研究方法的融合。对于具体的研究方法与路径而言，并无固定的模式，"合适的就是最好的"。但对于部门法学而言，艰深的理论研究不是终极目标，解决实际问题才是最终目的。刑法学被称为"最精确"的法学，虽有其独特的逻辑思维进路和价值取向，但"问题导向"(研究实际问题和解决实际问题)可以说是其永恒不变的追求。这并不是庸俗的功利主义，而是诸如刑法等部门法固有的价值承载。因此，本书虽大致可以归属于基础理论研究，但这种研究来源于实践并最终应用于实践。围绕这一点，本书采取了下列主要研究方法。

第一，案例分析法。在刑法学理论研究中，案例是不可或缺的研究对象和检验标杆。能否解决实际中复杂的问题，是衡量理论是否完美和具有价值的唯一标尺。本书的研究横跨医疗和刑法学领域，选择具有代表性、典型性的实际案例进行研究，这既是检验理论、发展理论的需要，也能总结司法实践中针对专断性医疗行为处理的经验和教训，这对于专断性医疗行为的理论研究至关重要。

第二，比较研究方法。在法学研究中，比较研究方法必不可少，域外的经验、理论以及司法实践状况对我国相关问题的研究具有重要的借鉴意义。对于专断性医疗行为研究而言，比较法主要体现为两个方面：一是比较不同国家和不同地区针对专断性医疗行为刑法处遇问题的现实状况和基本理论；二是根据典型案例比较我国不同时期、不同地区关于专断性医疗行为刑法处遇问题的基本状况。比较不是目的，盲目地移植和借鉴先进地区的经验和理论可能存在水土不服的问题，探索符合我国理论和实际状况的专断性医疗行为归责模式，才是“接地气”的明智之举。

第三，文献研究方法。知识的获取大致源于两个方面：一是阅读，一是实践。从学术研究角度而言，阅读的对象就是文献。从既有的报纸、学术期刊、硕博士论文中搜集有关专断性医疗行为的资料，了解学界关于专断性医疗行为的研究现状，掌握司法实践中专断性医疗行为归责趋势，是研究专断性医疗行为刑法处遇问题的基础性条件。

第四，社会调查法。“纸上得来终觉浅，绝知此事要躬行”。作为实践性非常强的刑法学与医学，“实践才能出真知”。因此，必须深入典型地区的典型医院和法院调查涉及专断性医疗行为纠纷的案件和典型判决，了解我国司法实践中处理专断性医疗行为的现实状况和基本理念，以使得理论研究具有坚实的社会和实践基础。

第一章 问题引入:刑法意义上的专断性医疗行为

第一节 医疗行为与专断性医疗行为

一、医疗行为的含义

专断性医疗行为是医疗行为的特殊表现形式,因此,要界定专断性医疗行为,需先明确医疗行为的含义。对于医疗行为的含义,学界莫衷一是,众说纷纭,主要有如下观点:(1)我国台湾地区"行政卫生署"认为,"凡以治疗、矫正或预防人体疾病、伤害、残缺或保健目的,所为之诊察及治疗,或基于诊察、诊断结果而以治疗为目的所为之处方,或用药等行为全部或一部之总称,谓为医疗行为"①。(2)在日本,医疗行为有广义和狭义之分。广义的医疗行为,是指出于医疗目的所实施的行为,包括疾病的治疗与预防、生育的处置、按摩、针灸等符合医疗目的的行为;狭义的医疗行为,则是指广义的医疗行为中,只能由医师根据医学知识与技能实施,否则便对人体产生危险的行为。② 医疗行为的核心在于诊疗。诊疗,进一步可以分为诊断和治疗:诊断就是指就患者的伤病、身体的现状等进行诊察(包括问诊、视诊、听诊、触诊、打诊、检查等),根据现代医学的立场大体上可以判断疾病原因、选择治疗方法的活动;治疗是指以恢复患者的伤病、增进健康为目的的且由医生实施的行为,包括手术、注射、投药、处置、理学疗法等。③ (3)根据德国学者恩吉施(Karl Engish,1899—1990)的看法,所谓医疗行为是指由于患者存在医学的适应性而需要医生的治疗,医生为了治疗患者的疾病,就治疗的本质、意义和范围向患者进行了全面和充分的说明,获得患者同意

① 曾淑瑜:《医疗过失与因果关系》(上册),翰芦图书出版有限公司1998年版,第11页。

② [日]小松进:《医师法》,载[日]平野龙一等主编:《注释特别刑法5—1》,青林书院1992年第2版,第39页。

③ [日]小松进:《齿科医师法》,载[日]平野龙一等主编:《注释特别刑法5—1》,青林书院1992年第2版,第44页。

后,根据医疗标准(lege artis)所进行的处理。[①] 我国大陆地区对于医疗行为的研究资料不多。主要观点有:(4)医疗行为,是"医务工作者出于正当目的,经就诊人或其监护人同意,对其进行身体健康检查、疾病治疗或者进行计划生育手术的行为"[②]。(5)所谓"医疗行为,是指运用医学专业知识和专业技能,为接受医疗者消除或者缓解疾病、减轻身体痛苦、消除或者减轻其对药物或者毒品等的病态依赖、延长生命、改善身体功能与外观、矫正畸形或者帮助或避免生育等与接受医疗者的身体健康和生命安全密切相关的行为"。[③] (6)医疗行为,是指对疾病的预防、诊断、治疗、护理和对身体之矫正、助产、堕胎等以医学知识和医学技术为行为的准则,直接作用于人体,导致人体的形态和/或功能发生一定变化或恢复的医学行为的总称。[④] (7)医疗行为是指取得相关医学资格或以诊疗服务为职业的自然人或单位以人体形态、构造和生理机能的优化、变更或恢复为目的,以适当的现代医学理论和技术手段为准则,对医疗需求者进行具有损伤性的医学过程。[⑤]

尽管上述关于医疗行为含义的界定各不相同,但总括上述观点,从中可以得出医疗行为大致具有以下几个特征:(1)医疗行为的目的性。上述定义基本都强调了医疗行为的目的性,即医疗行为必须是为诊治病患而实施。(2)医疗行为的适应性。即患者存在需要治疗的医学上的特征,需要医疗行为维持、促进患者的生命健康。(3)医疗行为的身份性。即医疗行为只能由医生实施。例如,根据《中华人民共和国执业医师法》(简称《执业医师法》)的规定,执业医师资格必须通过国家医师资格统一考试获得,但通过医师资格考试仅取得执业医师资格或者执业助理医师资格,并不能立即执业,还必须获得医师执业证书,两者缺一不可。因此,对于自然人而言,要想获得执业资格,必须获得执业医师资格和医师执业证书,前者通过考试获得,后者通过注册获得。此外,医生需在一定的医疗机构执业,根据现行《医疗机构管理条例》的规定,无论在何种性质的医疗机构执业,该机构必须获得医疗机构执业证书。从上述规定不难看出,医疗行为的专业性以及重要性使得医生的执业条件极为严格。(4)医疗行为的标准性。即医疗行为的实施必须符合现有法律规定或医学上已然认可的一般标准

---

① Karl Engish:Die rechtliche Bedeutun der ärztlichen Operation,in:Stich/Bauer(Hrsg.),Fehler und Gefahren bei chirurgichen Operation,4. Aufl.,Bd. Ⅱ,1958,S. 1523. 转引自冯军:《专断性医疗行为的刑事处罚及其界限》,载刘明祥主编:《过失犯研究——以交通过失和医疗过失为中心》,北京大学出版社 2010 年版,第 169 页。

② 王政勋:《正当行为论》,法律出版社 2000 年版,第 364 页。

③ 石磊:《论非法行医罪中的非法医疗行为》,载《政治与法律》2002 年第 6 期。

④ 臧冬斌:《医疗犯罪比较研究》,中国人民公安大学出版社 2005 年版,第 49 页。

⑤ 莫洪宪、杨文博:《医事刑法学中医疗行为概念的新界定》,载《国家检察官学院学报》2011 年第 2 期。

和准则，在技术上具有正当性。(5)医疗行为的“告知同意”原则。根据冯军教授援引德国学者的观点，认为医疗行为需要医生进行充分说明并经患者同意后方能实施，否则属于非法(乃至是犯罪)行为。①

笔者所总结的上述医疗行为的五大特征是上述诸多观点论及医疗行为概念所具有的特征总和。因此，上述观点的核心区别在于，概念涵摄的基本特征(即上述五大特征)的多与少。由此可以看出，学界对于医疗行为含义的界定没有形成甚至接近一致。为什么会产生如此状况？在笔者看来，原因主要在对以下两大问题的不同回答。

(一) 医疗行为是否应当具有目的性？

尽管刑法上的行为概念林林总总，发展至今仍未形成较为一致的界定，但有意性与有体性作为行为的两大基本要素基本形成通论。所谓有意性是指行为基于人的意识而实施的，而有体性则是指行为乃人身体活动，包括积极活动和消极活动。一句话，行为是人基于人的意识所作出的身体动静。医事刑法所研究的医疗行为作为行为的一种当然应当符合行为的基本特征。另外，正如张明楷教授所指出的，刑法上评价的行为都是具有法益侵害性的行为，因此行为的基本特征还需具有有害性特征。②刑法上的行为是刑法从诸多行为中筛选出来的并用刑法进行评价的行为，只能是人的具有社会危害性的行为，其强调的是人、意识和危害三大特征。③ 刑法行为概念的核心功能在于将刑法所评价的行为从社会一般行为中区分开来，划定一个评价圈——圈内属于刑法评价的对象，圈外则不是。由是可知，医疗行为的概念核心功能不仅在于应当将医疗行为的本质特征揭示出来，更在于将医疗行为与一般行为(尤其是一般伤害行为)区分开来。显然，上述医疗行为概念之所以强调医疗行为的目的性正是为了将医疗行为与一般伤害行为区分开来。上述概念中诸如“为了……”、“以……目的”、“……正当目的”等表述都是为了强调医疗行为的目的性。唯一例外的是，臧冬斌博士对于医疗行为的界定没有强调医疗目的。④ 那么，医疗目的是医疗行为的基本特征吗？应当指出的是，行为的有意性与行为的目的性并不是一回事。行为的有意性实质强调的是行为的主观要素。而目的，不是直接故意的意志因素，而是故意的认识因素与意识因素之外的，对某种结果、利益、状态、行为等内在意向；它是

---

① 参见冯军:《专断性医疗行为的刑事处罚及其界限》,载刘明祥主编:《过失犯研究——以交通过失和医疗过失为中心》,北京大学出版社 2010 年版,第 169—170 页。

② 参见张明楷:《刑法学》(第四版),法律出版社 2011 年版,第 145—146 页。

③ 之所以强调是行为的“人”性,目的在于将动物伤害和自然灾害排除;之所以强调有意性,是为将无意识(诸如条件反射、梦游等)行为排除;之所以强调有害性,是为将有益行为和无害性行为排除。

④ 臧冬斌:《医疗犯罪比较研究》,中国人民公安大学出版社 2005 年版,第 49 页。

比直接故意的因素更为复杂、深远的心理态度;其内容也不一定是观念上的危害结果。[①] 犯罪目的是某些犯罪的构成要件要素,此类犯罪称之为目的犯,如传播淫秽物品牟利罪需要求行为人以牟利为目的。对于绝大多数犯罪而言,目的并不是构成要件。因此,犯罪目的与犯罪故意并不相同。在上述诸如关于医疗行为的界定中,有的强调的是医疗行为的目的性,而另一些实质上强调的是医疗行为的有意性,而医疗行为的目的性与医疗行为的有意性应该相互区分。有意性决定了该行为是否为医疗行为,而目的性是将医疗行为正当化的根据。医疗行为的基本特征之一在于有意性而非目的性。例如,病人甲因为患病需要截肢,仇人乙正好是甲的责任医生,乙基于伤害的故意将甲的病肢截掉,乙成立故意伤害罪吗?回答只能是否定的。从实质上而言,乙基于治疗的目的也行,基于伤害的目的也罢,只要医疗行为本身客观上符合医学治疗规则,即可以认定该医疗行为具有治疗目的而予以正当化。由此可以看出,医生基于何种目的实施医疗行为并不重要,重要的是医疗行为具有医学上的适应性且符合医疗标准。乙尽管基于伤害的故意将甲的病肢截掉,但该行为却符合该病人所需要的医疗行为的标准,因此该行为是正当的医疗行为,而非构成犯罪的故意伤害行为。简而言之,医疗行为的认定并不决定于医生的主观目的,而在于客观上该行为的医学适应性和符合医学标准。侵入性医疗行为从客观上而言是一种侵害身体的行为,因此客观上具有伤害性,其本质是用一种比较专业的侵害行为去应对疾病对人体的侵害。尽管在现实生活中很少讨论医疗行为的犯罪性问题,但在刑法理论上,就医疗行为在刑法上的性质一直存在治疗行为伤害说与治疗行为非伤害说两大阵营的对立。无论是治疗行为伤害说还是非伤害说讨论的都是医疗行为正当化的问题,而并非医疗行为构成问题。例如,在治疗行为伤害说内部,就存在同意说和治疗目的说等诸多理论。[②] 同意说认为,对同意在治疗行为违法性阻却中的意义给予特别重视,即使是基于治疗意图、遵循医术准则而实施并取得了成功的治疗行为,如果没有患者的同意或推定同意,也构成伤害罪。治疗目的说认为治疗侵袭的合法性基础在于其所追求的目的的国家容许性,例如生命的维持、健康的恢复、痛苦的消除、生命健康危险的防止等等,这些都是为国家所容许并且鼓励的,为了达成这一目的所实施的治疗行为当然也应该被容许。笔者并非纠缠于同意说与治疗目的说孰优孰劣,而是试图说明,不论同意说还是治疗目的说都是论证医疗行为正当化根据的学说,这与医疗行为的成立具有联系但本质上不是同一问题。因此,上述关于医疗行为的特征中关于患

① 张明楷:《刑法学》(第四版),法律出版社 2011 年版,第 274—275 页。

② 关于治疗行为伤害说内部的诸多学说,参见曹菲:《医事刑法基本问题研究》,载《环球法律评论》2011 年第 4 期。

者同意前置性要件和需具备医疗目的等表述是值得商榷的。概而言之,医疗行为的目的性或患者同意不应当作为医疗行为的成立条件和本质特征,因为不论是目的性还是患者同意,都不是医疗行为成立的必备要件,而是医疗行为正当化根据。

既然目的正当性不是医疗行为的要件,那么作为医疗行为的有意性如何体现?其内容是什么?

笔者认为,医疗行为的有意性是指医疗行为是医生有意识的医学专门技术行为,代表了医学行为发动的人(医生)的意识性,它既与医疗行为的目的无关,也与医疗行为的故意和过失无关。医疗行为既可能成立故意犯罪,也可能构成过失犯罪,但无论是故意还是过失,是建立在医疗行为有意性基础上的后续判断,而不是有意性本身。对于医疗行为而言,有意性是指医生针对疾病而实施诊治行为的意识。医疗行为的有意性表明,医疗行为不仅是有意识的行为,更是针对疾病而产生的有意识的行为,也即,该医疗行为并非是类似于条件反射性的无意识行为。总而言之,有意性才是医疗行为成立的必备要件,它强调的是医疗行为基于医生的意识而产生。

(二) 医疗行为的适应性内容是什么?

一般而言,有疾病才有医疗行为。医疗行为适应性表明医疗行为产生的原因——疾病。因此,什么是需要医疗行为应对的疾病,成为重要问题。简而言之,何种状况才能导致实施医疗行为?医疗行为的实施以促进或者维持病患身体健康、生命为必要,而医疗行为本身却是存在一定危险并对人体有伤害的行为,没有疾病这一前提存在,不能实施也不存在医疗行为。疾病的界定本不成为问题,但随着生活和社会的发展,诸如医学美容、节育手术、变性手术等问题的出现使之成为问题。与传统的疾病相比,这一类症状并非真正意义上的"病症"——不进行相关的医学治疗不会对人体产生身体健康和生命的伤害。这类行为一般是行为人为了自身的某种特定需要并经其同意后实施的作用于人体的侵入性行为。医学美容、节育手术等行为与传统医学上医疗行为本质区别在于作用的对象不同:前者对象并非真正意义上的"疾病",其不治疗也不会对人体产生危害;后者对象是疾病,不经过医学医疗会对人身健康和生命产生危害。

但是,随着人民群众生活水平和健康需要的提高,传统医学对疾病的定义已经无法满足现实客观需要,"疾病"含义进一步扩张,医学美容、变性手术等传统医学较为罕见的医学治疗如今越来越普遍,相对于传统的医疗行为,该类行为具有如下几个特征:

第一,该类行为的对象不同于传统意义上的疾病,此类病症通常对患者不具有人身伤害性,不经过治疗也不会损害人身健康。比如医学美容,该类行为目的在于改善患者容貌,但容貌的美丑与人身健康并无直接关系——它是一种主观心理体验和价值判断。“医学美容主要是给患者带来‘心理’上的益处而不是生理健康。”[①]因此,即便不进行医学整容,现有状况并不会对人身健康造成损害。第二,该类行为的实施以患者同意为必要条件。正因为该类疾病不具有传统意义上疾病的侵害性,所以该类疾病的治疗以患者自愿就诊并以其同意为必要条件。医务人员不得擅自对病患实施治疗行为,不得未经其同意而治疗该类疾病。第三,对于一般疾病而言,应在具有资质的医疗机构就诊,但对于该类医疗行为而言,治疗地点并不一定在医疗机构。同样以医学美容为例,尽管正规医疗机构也开设有医学美容的科室并进行相关诊治,但不具有医疗机构资质的正规美容机构也可以进行医学美容手术。换句话说,美容机构虽不具有医疗机构执业许可证,但只要具备医学美容的资质仍可开展医学美容手术。所以,这类诊疗行为可以在医疗机构以外的其他地方实施,并不以正规医疗机构为限。

既然上述行为与传统医疗行为存在较大的区别,是否应当将其纳入到“疾病”的范畴?也即,是否应当将医疗行为的适应性内容扩张以涵括该类行为?本书认为,应当将该类对象纳入疾病范围,即认为针对该类症状实施的诊疗行为属于“医疗行为”。首先,该类“病症”尽管客观上对人身健康没有直接的损害,但对于患者而言,它具有一定精神上的损害,从而间接损害人身健康。也就是说,虽然该类病症客观上不直接损害人体健康,但患者主观上却认为该类症状对其健康造成损害,并且应当治疗。对于疾病而言,由于其损害的是具体个人的身体健康,故是否就诊在绝大数情况下由患者自我决定。因此,患者自身的体验对于是否就诊具有决定性意义。譬如,感冒是一种常见的疾病,一些人患有感冒时立即前往医院就诊;另一些人却不把感冒当回事,让其自然痊愈。可以这样说,对于感冒而言,有些人把它当成疾病,有些人却不把它当成“病”。由于疾病是对个体自身的伤害,患者对疾病的感受或许不能改变疾病本身的性质,但却实实在在影响对病症的认识并最终决定是否就诊。因此,在特定情形之下,患者对其自身是否患病具有决定性。综上,笔者认为,既然理性的个体认为自身的某种“病症”影响了自身的健康并申请就诊,在不违背医学伦理以及相关法律的情况下,该类症状可以认定为“疾病”——应将其纳入传统意义上的疾病范畴。其次,该类病症尽管与传统意义上的疾病有所区别,但对其进行的治疗行为具有医疗行为特性,属于医疗行为的范畴。以节育手术为例,该类手术虽不以治疗某种疾病为目的,但节育手术本身与医学上一般手术行为并无二致,具有医疗行为的特性,可以认定为医疗行为。最后,“疾病”概念本身是一个历史、变动的范畴。随着经济的发展和社会的进步,人类生活水平不断的提高,对更高品质生活的追求必将导致人类对自身

① 赵西巨:《医疗美容服务与医疗损害责任》,载《清华法学》2013年第2期。

安全和健康更为关心和注重。这使得“疾病”范畴不断推陈出新:原有的疾病范围可能有所消减,与此同时可能出现过去没有或者并不认为是疾病,但现今出现并认为是疾病的“症状”。例如,天花过去是一种严重的疾病,但今天基本消失殆尽了。近视一直存在,但对其如此重视并进行各类治疗乃至手术,恐怕是当今社会特有的现象。因此,什么是疾病、疾病应当包括哪些内容并不是一成不变的。在更加注重和关心自我健康的今天,将个体认为影响其生活质量并进而影响其健康的症状称为“疾病”,将以改善、提高患者生活品质为目的的医学行为称为医疗行为,是符合时代和现实需要的。

综上所述,笔者认为应当将诸如医学美容、节育手术、试管婴儿等与传统疾病有所区别的“症状”纳入疾病范畴,与此相适应,将对该类症状的“治疗行为”认定为医疗行为。应当指出的是,该类治疗行为尽管可以称为医疗行为,但仍然与传统意义上的医疗行为区别明显:前者不以治疗为目的,后者以治疗为目的。因此,前者一般也称为非治疗行为,后者称为治疗行为。正因为医疗行为可以划分为治疗行为与非治疗行为有所联系但区别明显的两类,对医疗行为的特征归纳不能概而统之,应当区别对待——即两类医疗行为具有不同特征。

对于以传统病症为对象的医疗行为而言,应当具备如下特征:(1)医疗行为的适应性,即医疗行为以疾病存在为前提,并且该疾病不经过治疗会损害患者身体健康。(2)医疗行为的身份性,即医疗行为只能由医生实施。(3)医疗行为的标准性,即必须采用医学上已经承认的技术手段和治疗方法。

对于以非传统病症为对象的医疗行为而言,应当具备如下特征:(1)以患者同意为前提。该类医疗行为的实施并不是以治疗为目的,而是应患者需要为促进其身心健康而实施的医学行为,故必须以患者同意为根据。(2)医疗行为的适应性。需以“疾病”存在为前提,但该类疾病不经治疗不会危及人的身体健康,患者自身的感受对该类疾病的认定具有决定性意义。(3)医疗行为的身份性。该类行为的实施并不仅限于具有医师资格证和职业证的医生,某些特定主体如美容师也可以实施该类行为。(4)该类行为实施必须符合医疗基准。

综上可知,根据疾病性质的不同,医疗行为可以分为治疗行为与非治疗行为。对于治疗行为而言,患者同意并非其成立要件;对于非治疗行为而言,患者同意是其成立条件。因此,医疗行为含义的界定不能笼而统之,应当予以区分并分别定义。

二、专断性医疗行为的界定

与医疗行为定义众说纷纭不同,专断性医疗行为界定却较为一致。一般认为,专断性医疗行为是指欠缺患者同意要件的医疗行为。具体而言,专断性医疗行为主要

可以分为以下几类:

(1) 无患者承诺的专断性医疗行为。此类行为可以成为典型意义上的专断性医疗行为。因为专断性医疗行为的核心在于患者同意,故欠缺患者同意的诊疗行为即专断性医疗行为。

(2) 超越患者承诺范围的专断性医疗行为。尽管存在患者承诺,但医生的诊疗行为不属于患者承诺范围或者超越患者承诺范围。此类专断性医疗行为的特征是,存在患者承诺,并且医生是基于患者承诺开展医疗行为,但在具体的诊疗过程中,医生实施了不属于患者承诺范围的医疗行为。例如,病患甲因为子宫肌瘤住院就诊,医生乙为其实施切除该肌瘤手术。在手术进行中,医生发现患者甲子宫存在另一恶性肿瘤,如不切除,则将危及患者健康乃至生命。但是,切除该肿瘤需将子宫一起切除。医生乙在未经病患甲同意的情形下,擅自切除了患者甲的子宫。在本案中,医生基于患者同意其切除子宫肌瘤而给其动手术,但患者承诺的切除范围是子宫肌瘤而非子宫本身,在手术进行中,医生乙擅自切除患者甲的子宫对其造成损害,此为典型的超越患者承诺范围的医疗行为。

(3) 患者无效承诺的专断性医疗行为。在该类行为中,患者存在承诺,但承诺无效,其本质上仍属于欠缺患者同意的诊疗行为。例如,医生甲欺骗患者乙,说其可能身患某种疾病(实则并无该种疾病),让其进行本不应该进行的一系列检查等诊疗措施,该患者信以为真,遂接受了一系列的诊疗行为。在本案中,患者乙是基于医生甲欺骗而作出的诊疗承诺,是无效承诺,故该医生所实施的诊疗行为是专断性医疗行为。

综上所述,不难看出,从理论上而言,只要欠缺患者同意这一核心要件,即可成为专断性医疗行为。此外,以是否造成人身损害为标准进行划分,可以分为仅违背患者意愿的专断性医疗行为和造成人身损害的专断性医疗行为。前者是仅违背患者意愿但未造成人身损害的行为,侵害的是患者决定权,一般仅认定为民事上的侵权行为;后者不但违背患者意愿且造成了人身损害,不但侵害了患者的决定权,而且侵害患者人身权,该类行为可能构成刑法上的犯罪。

三、医疗行为与专断性医疗行为的界分

专断性医疗行为是医疗行为吗?如果是,则二者之间存在种属关系;如果不是,则需要对二者进行区分。笔者看来,对此问题不能一概而论,应当具体问题具体分析。如前所述,医疗行为可以分为治疗行为与非治疗行为,故对于专断性医疗行为与医疗行为关系的界定,应当分为专断性医疗行为与治疗行为、专断性医疗行为与非治疗行为的关系。

在上文中，笔者指出，患者同意是非治疗行为的成立条件，但并非治疗行为的成立要件，对于治疗行为而言，患者同意是其正当性根据①。基于此，欠缺患者同意，对于非治疗行为而言，不能称之医疗行为（欠缺成立条件），但对于治疗行为而言，仍可成立医疗行为。两者之间这种细微的差别导致专断性医疗行为与医疗行为的关系迥异。对于非治疗行为与专断性医疗行为而言，患者同意是成立性要件。只是对前者而言，需要存在患者同意才能成立；对后者而言，欠缺患者同意即成立，两者的核心成立要件相同。因此，从治疗行为角度而言，专断性医疗行为可以称之为医疗行为。另一方面，对于非治疗行为而言，专断性医疗行为仅欠缺患者同意要件，在其他要件均相同的情况下，其与非治疗行为在客观上并无差异，如具有医学上的适应性和符合医疗标准，也可称之为医疗行为。

第二节　专断性医疗行为的法律性质

一、专断性医疗行为法律性质的基本争议

专断性医疗行为作为医疗领域中常见多发行为之一，究竟属于何种性质的行为？界定专断性医疗行为的法律性质是对其进行归责的前提。目前，理论和实务界多将专断性医疗行为定性为民事侵权行为。其主要理由有如下几点：

首先，专断性医疗行为本质上一种民事（侵权）行为。一般而言，医疗关系大都由患者与医疗机构（医师）之间根据医疗服务契约成立，当然，基于无因管理等事实上的医疗行为同样产生医患关系。依据契约内容，大致可以分为以下类别：第一，一般医疗契约，即对于因感觉健康发生问题或者身体罹患疾病或受创伤，委托医师治疗疾病或伤害处理之契约而言。第二，健康检查契约，如入学考试、参加工作之前的身体检查。第三，强制医疗契约，指国家因卫生上的需要，强制国民接受医师检查或医疗关系而言。第四，特殊医疗契约，指身体并无疾病或创伤，而与医师成立医疗契约关系者，如美容整形、变性手术、妊娠终止等。② 专断性医疗行为产生，一方面在于医师没有适当的履行契约义务因而构成债务不履行行为（合同违约），从另一方面而言，该行为侵犯了患者的人身权益因而又成立侵权行为。因此，从民事法角度而言，专断性医疗行为构成侵权责任与违约责任的竞合。至于到底将其认定为何种责任主要与患者

① 应当注意的是，患者同意只是治疗行为作为医疗行为正当化根据之一，而非全部。

② 参见邱聪智：《民法研究》，中国人民公安大学出版社2002年版，第297—298页。

选择有关，因为受害人通常会选择对其有利的方式来主张责任。无论对专断性医疗行为认定为何种责任，总而言之，其首先是一种民事行为，涉及的是民事责任。其次，将专断性医疗行为定性为刑事犯罪行为有违刑法的谦抑性原则。刑法是保障法，刑法的谦抑性要求只有当穷尽其他法律手段不能规制行为时才能动用刑法。因此，许多人认为，将原本属于民事责任的专断性医疗行为认定为刑法上的犯罪有违刑法的谦抑性原则，言下之意在于：将专断性医疗行为定性为民事行为已够，无需动用刑法来规制该类行为。最后，将专断性医疗行为认定为犯罪行为将危及患者自身利益以及医疗行业本身。在传统观点看来，将专断性医疗行为认定为犯罪，将严格限制医生的诊疗行为，甚至会产生防御性医疗行为，从而导致医疗行为的萎缩。换言之，将该类行为认定为犯罪以后，医生将怠于行使原本应当积极履行的相关医疗行为，以规避刑事责任。此种状况会导致两方面的损害：其一，医生怠于行使相应的诊疗行为最终导致患者利益受损；其二，医生丧失积极探索先进医疗行为的动力之后，将阻碍医疗技术的进步与发展，这不但有害于医疗行业本身，也有碍于社会的进步。

二、本书的立场

笔者认为，上述观点虽然有一定道理，但值得商榷，理由如下：

第一，将专断性医疗行为认定为民事行为并不能否认其承担刑事责任的可能性。民事行为与犯罪行为并不是相互排斥的关系，而可能是竞合关系，也即，一个行为既可能是民事侵权行为，应承担民事责任，也可以是犯罪行为，承担刑事责任。例如，杀人行为既是民事上的侵权行为，也可以是刑法上的犯罪行为，实施该行为的行为人既应承担故意杀人罪的刑事责任，也应当承担相应的民事赔偿责任，在诉讼法上，此即刑事诉讼附带民事诉讼。"一个案件事实，总是具有多重属性，常常牵涉多项法律，以不同的法律规范为指导、评价案件事实，就会得出不同的结论。据以指导的法律规范不同，对案件事实得出的结论就不同。……如果认为，只要某种案件事实符合其他法律的规定，就不得再适用刑法，那么，刑法必然成为一纸空文。"[①]因此，将专断性医疗行为认定为民事侵权行为不能成为否认其承担刑事责任的理由，专断性医疗行为既是民事侵权行为，也完全可能构成刑法上的犯罪。

第二，笔者认为，专断性医疗行为具有成立犯罪的可能性。一方面，专断性医疗行为有可能造成严重后果，具备上升为犯罪行为的危害性。一般而言，违法行为与犯罪行为的界限在于行为的危害性与危害后果。在通常情形之下，违反患者同意的专断性医疗行为如果没有给患者造成身体上的伤害，当然不会成立犯罪，只能构成民事

---

① 张明楷：《无权处分与财产犯罪》，载《人民检察》2012年第7期。

违约或者侵权行为。但是,如果该类行为给患者造成严重的身体伤害乃至造成患者死亡的,应当考虑其成立犯罪的可能性。另一方面,刑法的谦抑性原则并不意味着刑法管得越少越好,将具有严重危害性的行为纳入刑法规制,将一般违法行为剔除出刑法管制范围才是谦抑性原则的真谛所在。因此,将造成患者伤害乃至死亡的专断性医疗行为纳入刑法规制并不违背刑法的谦抑性。

第三,将专断性医疗行为认定为犯罪不会损害患者利益,也不会有碍医疗行业发展与技术进步。首先,专断性医疗行为的核心特征在于违反患者告知同意原则,即它是未经患者同意的诊疗行为,并非所有的专断性医疗行为皆能构成刑法上的犯罪,只有少数的给患者造成严重损害的行为才会构成犯罪。因此,将部分专断性医疗行为认定为犯罪不会导致医生怠于行使正常的诊疗行为。其次,将专断性医疗行为认定为犯罪将敦促医生履行相关的诊疗义务,防止其实施损害患者权益的行为。在实施相关诊疗行为时,医生只要告知其相关内容并取得患者同意即视为履行告知义务而不会成立专断性医疗行为。对医生而言,这是医疗行业所需遵循的基本义务而非过高准则,故不存在对医生科以过高义务而对其不利的现象。对患者而言,医生履行相关诊疗义务正是对患者权益的有力保障。最后,医生履行相关义务与医疗技术的发展与进步是两个不同问题,不可混淆。医疗领域的确是一个需要不断探知新技术并充满各种风险的领域,倘若一发生不可预知的风险即追究医生的责任,当然会妨碍医疗行业与技术的进步。因此,在遵循既有医疗准则与义务的前提下,医生在实施各类诊疗活动中导致的风险不能由医生承担相应责任,否则将导致医疗技术停滞不前,最终损害人类社会自身的发展。对于专断性医疗行为而言,医生怠于履行告知义务并导致欠缺患者同意,这与履行相关义务而造成风险是两类性质截然不同的行为——前者是违反诊疗义务的行为,而后者是遵循诊疗义务的行为。将专断性医疗行为纳入刑法圈进行规制,将促使医生更为审慎地履行本应履行的告知义务。因此,认为将专断性医疗行为认定为犯罪会导致患者利益损害以及妨碍医疗技术进步的观点是站不住脚的。

综上所述,将专断性医疗行为限定为民事侵权行为既不符合现实状况,且在理论上难以成立。如前所述,民事侵权行为与犯罪行为不是相互排斥对立的行为样态,某种行为完全既可以是民事上的侵权行为,也可以是刑法上的犯罪行为。因此,将专断性医疗行为仅限定在民事侵权性质的范围具有片面性。事实上,专断性医疗行为既可以成立民事上的侵权行为,也可以构成刑法上的犯罪。将专断性医疗行为划分为民事上的专断性医疗行为和刑事上的专断性医疗行为,并在理论上厘定两者的根本区别是界定专断性医疗行为法律性质的基本进路。

第三节 刑法上专断性医疗行为的基本特征

界定刑法上专断性医疗行为的基本特征,既可以区分作为民事侵权行为的专断性医疗行为与刑事犯罪的专断性医疗行为,同时也是探讨专断性医疗行为刑事处遇问题的前提。要解决这一问题,既需要借助民事行为与犯罪行为区分的一般法理,也需要注意专断性医疗行为自身的特殊性。从这一原理出发,笔者认为刑法上的专断性医疗行为具有如下几个特征。

一、欠缺患者同意

"专断"的含义是未经同意而擅自行动。要构成专断性医疗行为,须违反告知同意原则,而该原则的核心在于患者同意。因此,专断性医疗行为实质上是指,未经患者同意而擅自实施的诊疗行为,其中欠缺患者同意成为成立该类行为的核心要件。刑法上的专断性医疗行为是专断性医疗行为的一个分类,自然也需要具备专断性医疗行为的这一核心要件。

二、具有侵入性(侵袭性)

在医学上,医疗行为又可以细分为诊断和治疗行为。不论是诊断行为还是治疗行为,又均可划分为一般性行为和侵入性行为。一般性医疗行为是指无需侵入患者身体也不会给患者造成损害的行为,而侵入性医疗行为是指需要进入患者体内并有可能对患者造成损害的行为。例如,诊断行为中的测量血压与体温行为,就是一般性医疗行为,而胃镜与肠镜就是侵入性医疗行为。对于治疗行为而言,常见的一般性医疗行为有按摩、推拿、涂抹药物等,而诸如打针、手术等就是常见的侵入性医疗行为。从上述可以看出,一般性医疗行为与侵入性医疗行为的核心区别在于是否侵入患者体内并可能造成患者损害。一般认为,一般性医疗行为不易导致患者损害,而侵入性医疗行为具有造成患者损害或者损害风险的可能。正因为如此,从操作程序上而言,侵入性医疗行为的实施要求更为严格,从决定到实施有较为严格的程序,对医疗人员的技术资格、操作技能、操作水平(态度)等要求也更高。因此,对于非侵入性的一般诊疗行为而言,即便未经患者同意而实施,也大致不会对患者造成实质性的损害,虽存在侵犯患者自我决定权的行为,但无需刑法介入保护。对于侵入性医疗行为而言,该类行为如未经患者同意,不但侵犯其自我决定权,更可能导致患者实质性的损害,为刑法介入提供了依据和可能。简而言之,"侵入性"是刑法上专断性医疗行为的必备要件,侵入性意味实质性损害和损害风险。

三、实质性的损害

刑法只关注造成法益损害的,不必要也不能关注日常生活中的所有行为。因此,要进入刑法视野(犯罪圈),该行为必须造成法益损害。问题是,在日常行为之中,造成法益损害的行为何止千万,何种法益损害才是刑法所关心的呢?从本质特征而言,只有“严重的社会危害性”才是犯罪行为的本质特征,这也是该类行为为刑法所关注的实质理由。从法律特征而言,该类行为需有刑法的明文规定,刑法才能予以规制。因此,能否对专断性医疗行为予以刑法处遇,关键在于该类行为是否满足上述两个特征。晚近以来,我国刑法理论中的社会危害性理论受到诸多批判①,并大有被逐出刑法学领域之势②,但即便批评者也无可否认“犯罪行为是具有社会危害性的行为”这一基本论断。笔者认为,这种批判主要集中于刑法第13条“但书”与社会危害性理论的协调以及社会危害性理论与犯罪论体系的关系方面,作为犯罪的本质特征,社会危害性理论基本得到了确认。因此,针对社会危害性理论的批判,与其说批判针对“社会危害性”理论自身,不如说本质上是批判根据社会危害性理论出罪而有违罪刑法定原则。“社会危害性”这一表述与“法益损害”并无实质性的差别,其并不意味着包含政治意味而内涵模糊,而“法益损害”也并非含义精确且表述规范,两者只是用语不同而已,本质上都是对犯罪本质特征的描述。例如,张明楷教授认为,“犯罪具有两个基本特征:一是社会危害性,二是依照法律规定应受刑罚处罚性”③。社会危害性也可以称为实质违法性,而应受刑罚处罚性也可以称为形式违法性。从另一方面来说,我国刑法中的社会危害性概念可以转化为大陆法系犯罪论中的法益侵害性(违法性),而刑法之所以将某种行为规定为犯罪,正是强调对犯罪所侵犯法益的保护。因此,社会危害性(法益侵害性)作为犯罪的本质特征不论在何种法系中均具有共通性。某种行为的社会危害性,通常主要体现为危害行为与损害后果,且要求行为与后果之间存在因果关系,专断性医疗行为亦是如此。

---

① 参见陈兴良:《社会危害性理论——一个反思性检讨》,载《法学研究》2000年第1期;陈兴良:《社会危害性理论:进一步批判性清理》,载《中国法学》2006年第4期。

② 比较著名的论文有:樊文:《罪刑法定与社会危害性的冲突——兼析新刑法第13条关于犯罪的概念》,载《法律科学》《西北政法学院学报》1998年第1期;陈兴良:《社会危害性理论:进一步的批判性清理》,载《中国法学》2006第4期。

参见:陈兴良、刘树德:《犯罪概念的形式化与实质化辨正》,载《法律科学》《西北政法学院学报》1999年第6期。

③ 张明楷:《刑法学》(第四版),法律出版社2011年版,第88页。

(一) 损害行为

如前所述,专断性医疗行为是指欠缺患者同意的医疗行为,主要可能导致患者两种类型的法益受到损害,即患者自我决定权和身体健康权或者生命权,只有侵犯患者身体健康权或生命权的专断性医疗行为才有构成犯罪的可能。从是否可能对身体造成损害来分,专断性医疗行为可以分为一般性专断医疗行为与侵袭性专断医疗行为。前者是指无需进入患者身体,也不会给患者身体造成损害的专断性医疗行为,如测量血压、体温与B超等;后者是指需要侵入患者身体,会给患者造成一定损害的专断性医疗行为,如截肢、切除肿瘤等。对前者而言,由于未对患者造成身体上的损害,无需刑法规制,故不属于刑法上的损害行为;而后者,则是本书需要探讨的危害行为。

对于医疗行为的性质,一直存在"医疗行为伤害说"与"医疗行为非伤害说"的争论。对于侵袭性医疗行为而言,侵袭本身意味着对患者身体的伤害。以糖尿病截肢手术为例,截取患者肢体主要是为挽救生命,但无论如何不能否认截肢本身在客观上来说是一种伤害,只是这种伤害基于某种原因而被正当化了。对于侵袭性专断性医疗行为而言也是如此。在德日刑法理论体系之下,坚持医疗行为伤害说意味着医疗行为已经具有构成要件该当性,之所以不构成犯罪是因为不具有违法性而被正当化。"在治疗行为伤害说内部,从患者自我决定权的角度寻求治疗行为正当化的观点占据了主流,但重视治疗行为自身价值的社会相当性说和重视患者生命健康利益的维护的优越利益说也是有力的学说。"[①]因此,在违法性判断领域进行正当化是否定医疗行为成立犯罪的基本进路,只是正当化的理由或者根据不同而已。

在我国刑法理论中,将医疗行为作为伤害行为进行讨论的极少,更不用说专断性医疗行为的伤害性。不论我国学说和实务是否讨论医疗行为的伤害性,侵袭性医疗行为损害患者身体这一客观事实是无法改变的,并不因国别或者刑法理论体系的不同而不同。因此,即便在我国刑法理论体系的语境中,也应当肯定医疗行为的伤害性,即侵袭性医疗行为具有伤害性,侵袭性专断医疗行为更是如此。问题是,由于我国犯罪论体系和德日刑法体系存在根本差异,如何将医疗行为的侵害性在我国刑法体系中正当化?在三阶层犯罪体系中,可以在违法性领域对伤害性进行正当化,但我国犯罪论体系并不存在这样的阶层。笔者认为,在维系我国犯罪构成要件基本框架的前提之下,解决医疗行为伤害性的正当化根据在于犯罪客体。纵观域外各种正当化根据理论(诸如被害人自我决定理论、正当业务行为理论以及优越利益理论),尽管各种理论在具体表述和内涵上存在明显区别,但作为医疗行为伤害性的正当化根据,归根结底都表明了这样的信息——即医疗行为并没有损害刑法所保护的法益。只要

① 曹菲:《医事刑法基本问题研究》,载《环球法律评论》2011年第4期。

承认犯罪的本质在于法益侵害和刑法的任务在于保护法益，则所有的“侵害性”行为都可以从排除法益侵害而实现正当化，事实上，这也是正当化根据的主要进路。在我国犯罪论体系中，与法益相关联的要件是犯罪客体，换言之，只要否认了侵害行为所侵害的利益是不受刑法保护的或者是刑法所允许的，则因不符合犯罪客体要件，从而不构成犯罪。在医疗行为伤害说的正当化根据中，不论是患者自我决定权，还是正当业务行为抑或优越利益说，都可以认为医疗行为没有损害刑法需要保护的法益，故不符合犯罪客体要件，所以不成立犯罪。从另一方面来说，肯定了医疗行为的伤害性意味着肯定了医疗行为属于犯罪客观方面要件中的行为了，故不能从否定行为的角度来排除医疗行为的犯罪性。并且，从犯罪主体和犯罪主观方面对侵袭性医疗行为正当化也是行不通的。因此，从犯罪客体，(法益)方面来界定侵袭性医疗行为的正当化是四要件体系下的不二之选。总之，将医疗行为的正当化根据定位于犯罪客体既维系了我国犯罪论体系的稳定，又可以实现和德日刑法理论在该问题上的无缝对接，从转换成本上来说，是最为经济和可取的。

既然侵袭性医疗行为作为伤害行为的观点在我国刑法上同样适用，那么作为侵袭性医疗行为的一种——侵袭性专断医疗行为自然具有伤害性。

（二）损害后果

专断性医疗行为要构成犯罪必须存在损害后果，这种损害后果主要是健康损害或者生命损害。由于侵袭性专断医疗行为本身就是一种损害行为，这使得作为犯罪构成要件要素意义上的损害后果界定更加困难。从患者角度来说，自身遭受的损害大致可以分为两种：一种是疾病带来的损害；一种是侵袭性医疗行为带来的损害。前者是自然意义上的损害，刑法并不关注；后者是人为的损害，是刑法关注的对象。适当的医疗行为损害的最大特征是，它基于疾病而产生，并且这种损害是诊治该种疾病无法避免的。本质上来说，医疗损害是因为疾病损害而产生的针对患者的“二次损害”，若医疗行为导致的损害是诊治该疾病必要且不可避免的，那么该医疗行为具有正当性，不能成立犯罪。换言之，只有医疗行为导致的损害超越了治疗该疾病的必要损害，才有可能承担法律责任。以子宫肌瘤切除手术为例，子宫肌瘤对患者而言是一种自然生成的损害，切除子宫肌瘤是对患者身体的一种人为的“损害”，若切除子宫肌瘤仅造成诸如少量出血等不可避免的必要的损害，则该切除手术具有医学上的适当性，不承担法律责任；倘若切除子宫肌瘤造成患者子宫或者其他器官遭受损害，则超出了子宫肌瘤手术必要的损害，应当承担责任。

作为侵袭性的专断性医疗行为所造成的损害而言，主要可以分为两种类别：一种是符合医学规则、具有医学上的适应性的专断性医疗行为造成的损害。该种专断医疗行为除欠缺患者同意以外，与一般医疗行为无异。在此种情形之下，专断性医疗行为所造成的损害无外乎两种，必要的医学上允许的损害和不必要的且不允许的损害。以骨坏死截肢为例，即便截肢行为未经患者同意，但截肢却是治疗病症挽救生命所必须的损害，该种损害符合医学规则、具有医学上的适应性。与此相反，倘若未经未婚女性同意而对其进行侵入性检查，导致患者处女膜损伤时，则属于不必要且不允许的损害，因为内诊检查原本可以避免损伤患者处女膜，但医师却未尽谨慎注意义务，结果导致患者遭受了不必要的损害。需要注意的是，在通常情形下，该种专断性医疗行为即内诊检查对妇科疾病诊断而言是必需手段，只是由于医生未尽谨慎注意义务造成了医学上不允许的不必要的损害。由上可知，该类型的专断性医疗行为造成的损害尽管可以分为两种不同形态，但该专断性医疗行为本身是诊疗该类疾病所必需的，并无不当。至于造成的损害，则可以分为遵循注意义务、造成必要损害和未尽注意义务、造成不必要的损害。当然，只有造成不当损害时才具有承担责任的条件。

另一种专断性医疗行为造成的损害称为不必要的行为造成了不必要的损害，也即，该专断性"医疗行为"本身不是真正意义上的医疗行为，该行为造成的后果自然毫无必要且不被允许。例如，医生本应切除患者左侧病变卵巢，结果因为失误切除了患者右侧未病变卵巢。对左侧病变卵巢而言，切除不但得到患者允许，且在医学来说是适当的。对于患者右侧未病变卵巢来说，不但未征得患者同意，而且不必要且不能切除，故该专断性医疗行为不符合医学规则，不具有医学上的适应性。简而言之，该专断性医疗行为本质上不是医疗行为，而是直接的伤害行为，对患者造成的损伤自然是损害后果。

至此可知，具有成立犯罪可能性的专断性医疗损害主要是两种，即医疗意义上的专断性医疗行为造成的损害和非医疗意义上专断性医疗行为造成的损害，前者也可以称为纯正意义上的专断性医疗行为损害，而后者则是直接损害，与一般损害等同。这两种损害均有可能导致医生承担刑事责任。

另一个值得研究的问题是：存活机会丧失是不是损害后果？例如，医师由于自己的过失未诊断出患者罹患癌症，倘若医生及时诊断出患者已经罹患癌症并加以治疗，患者的存活机会为百分之二十。此时，这百分之二十即为患者的存活几率。与身体健康损害和生命丧失这种物质意义上的损害后果不同，存活机会原本只是统计学上的一个概念，反映的是疾病恶化的可能以及评估器官恶化的一种参数而已。存活机会是与生命权相关联的概率，存活机会越高表明生存的可能性越大，反之，存活机会越低，丧失生命的可能性则越大。那么，对存活机会的损害可不可以直接等同于对生命的损害？这是涉及对"存活机会损害"性质的认定问题。笔者认为，存活机会所表明的是与生命相关的成活的概率，其本身并不具有独立性的意义。从某种意义上说，存活几率可以直接转变为"致死可能性"概念。换言之，存活几率越高，致死可能性越低；存活几率越低，致死可能性越高。从患者角度而言，较高存活率的损害意味损害越大，较低存活率的损害则意味着损害越小。以癌症的存活率为例，若该癌症经过正当治疗的存活率高达百分之九十，此时医生因为自己的过失导致未能诊断出癌症从而造成患者死亡的话，对患者来说是本极有可能存活却死亡，伤害极大。倘若某癌症的存活率只有百分之五，也就说即便医生诊断出癌症且积极治疗，患者的存活几率仍然很低，此时若未诊断出并造成患者死亡的话，对患者而言损害是较小甚至是可以接受的。显然，“存活机会丧失”并不是一个恒定的概念，它是随着疾病的存活几率变化而变化的。但不论存活机会是多少，存活机会丧失意味着患者生命的失去，从这一点来说，对“存活机会”的损害本质上就是对生命的侵害。然而，存活机会本只是统计学意义上的生存几率概念，它描述的是疾病的致死可能性，将所有损害存活机会的行为均认定为对生命权的侵害，对医生而言，过于苛刻且并不公正。以存活机会百分之五的癌症为例，即便医生诊断出该癌症，患者的存活几率仍然极低，此时将医生因过失未诊断出癌症的行为直接等同于侵害患者生命权的杀人行为，恐怕难言适当。但是，若该癌症的存活机会达到百分之九十五，恐怕大多人会认为将该行为认定为杀人行为是可以接受的。由是可知，存活机会的高低可以直接影响医生行为的定性。那么，到底多大的存活机会的丧失可以将医生的行为定性为杀人行为？以故意杀人为例，作为实行行为的“杀人”行为通常表述为该行为具有致死的可能性，若不具有致死可能性的行为或者致死可能性极低的行为则不能称之为杀人行为。例如，甲与乙有仇，甲希望乙死亡便劝乙坐飞机，因为若飞机失事则乙必死无疑。在甲劝说乙乘坐飞机后，该飞机果然失事，能否将甲的行为认定为杀人行为？显然不能，原因在于飞机失事的可能性极小，不能将甲劝说乙坐飞机这种致死可能性极低的行为认定为“杀人”行为。因此，作为实行行为的“杀人”行为实质上是指致死可能较大或者极高的行为。在刑法用语中，按照可能性从小到大常有“可能性、较大可能性、盖然性（极大的可能性）”等表述，杀人行为的致死可能性实质上是指较大可能性和盖然性。“较大可能性”顾名思义是相比较而言可能性大。比较的标准是什么呢？行为的致死可能性从理论上来说分布范围是零到百分之百，对致死可能性为零的行为来说，其他行为均有较大可能性；对于致死可能性为百分之百的行为来说，其他行为均为较小可能性。然而，刑法教义学上所说的“较大可能性”和“盖然性”并未也不可能用准确的数值表述出来，它表达的只是这样一种观念：一般情形下该种行为可以导致该结果发生。不过，它排除了另外一种可能——即较小和极低的可能。在具有准确数据可以进行比较的领域中，人们一般根据中间值来进行比较，超过中间值的可以称之为“较大”，小于中间值的一般称之为“较小”。而医学上的存活机会恰恰是存在这样一个较为精确数值的领域。尽管存活几率越高的病人并不意味着比存活几率越低的病人活得更久——因为实际生活中常常有令人惊讶的奇迹存在,但从统计学意义上来说,存活几率高则意味活得更长。因此,以百分之五十的存活机会为衡量基准,小于该存活几率的可以称为存活几率较低,大于该存活几率的可以称为存活机率较高,这也基本符合人们对存活几率的一般观念。根据上文所述,由于致死可能性较大的行为才能称之为"杀人"行为,同理,只有损害较大存活机会的行为才能称之为"致死"行为。由于医学上的存活机率可以用精确的数值表述,故造成百分之五十及以上存活机会丧失的行为可以视为侵害患者生命权的行为。综上可知,存活机会是生命权的另一种表述,损害存活机会的行为属于损害后果,可以受到刑法评价——只不过对于存活机会的几率有一定要求(达到百分之五十)而已。

(三) 因果关系

因果关系是指两事物之间引起与被引起的关系,引起者称为原因,被引起者称为结果。在刑法理论上,对于因果关系的界定,主流观点有条件说、相当因果关系说以及近来风靡一时的客观归责理论。因果关系理论试图回答这样一个问题:该结果是行为人的行为所引起的吗?如果是,则将该结果归属于行为人,如果不是,则行为人的行为不是结果产生的原因。应当注意的是,因果关系的认定和法律责任的认定不是一回事,两者相互联系但区别明显。因果关系的认定是探究行为与结果之间是否存在引起与被引起的关系,是一种客观意义上的判断;而责任认定则是探讨行为人是否为结果承担责任,是一种价值判断。客观归责理论正是从这个意义上区分了"归因"与"归责",从而有别于条件说与相当因果关系说。"客观归责引入构成要件,使构成要件分为事实与价值两个层面:在事实层面以归因为中心进行构成要件的形式判断,即判断是否存在因果关系。在此基础上,再进行价值层面的判断,即是否制造不被容许的风险,以检验整体的构成要件的该当性。"[①]据此可以认为,条件说(德国通说)、相当因果关系说(日本通说)是认定事实层面、不包含价值判断的因果关系理论;而客观归责是包含事实判断与价值判断的因果关系理论。应当指出的是,客观归责理论所说的"归责",实质上是构成要件该当性判断,故客观归责理论可以被视为"实质的构成要件论"。客观归责所说的"归责"和我国刑法语境中所使用的"归责"并不是一回事,前者是构成要件该当性判断,后者是是否承担刑事责任的判断。申言之,前者是三阶层理论中第一层次的判断;而后者则是犯罪构成四要件的综合判断。前者的判断结论为是否符合构成要件该当性要件;后者的判断结论为是否构成犯罪,是

① 陈兴良:《客观归责的体系性地位》,载《法学研究》2009年第6期。

否承担刑事责任。[①] 尽管客观归责理论与我国犯罪构成理论存在体系上差异，但客观归责理论区分了“归因”与“归责”，至少为因果关系的认定以及行为人责任的承担提供了可供借鉴的思路。换句话说，“归因”（因果关系的认定）与“归责”（行为人责任的承担）是彼此关联但本质不同的两个范畴，“归因”是“归责”的前提和基础，但能“归因”并不意味着能“归责”，不能“归因”则肯定不能“归责”。总体来说，因果关系判断是一种事实判断、部分判断，而责任判断则是一种价值判断、整体判断。还需特别说明的是，在一般情况下，事实判断是价值判断的前提和基础；但在特定情形下，因果关系的事实判断甚至对责任的价值判断没有影响。以“疑罪从无”原则为例，之所以导致行为人的行为无法被定罪，主要原因在于无法用确凿的证据证明某结果为行为人的行为所导致——即行为与结果之间的关系缺乏足够的证据证明。假若行为人的行为就是该结果发生的原因，但由于这种客观存在的因果关系无法被有效的证据证明，在责任认定上也只能认定行为人无罪。“疑罪从无”原则表明，我们只是无法证明行为与结果之间的关系罢了，至于行为与结果之间是否确切的存在因果关系则在所不问。人类对事物本身的认识、事物之间因果关系的认识都是随着科学和技术的进步而不断向前发展的。我们没有认识到的事物以及它们彼此之间的关系，并不意味着它们不存在。例如在远古时代，国人解释潮汐产生的原因只能借助于迷信和神话，无法真正了解潮汐变化的奥秘所在。随着科技不断进步，人们终于认识到原来潮汐产生的原因在于地球、月亮和太阳之间不断运动变化而产生的相互作用力的变化。这种作用力亿万年来一直存在，过去人们没有认识到它，并不代表它不存在。事实上，人类对事物以及事物之间的关系的认识总是极为有限的，并且受到各种因素的制约。俗语“人类一思考，上帝就发笑”，虽带有一些戏谑意味，但却十分深刻地表明了人类的这种局限性。与此相类似，“疑罪从无”原则也只是表明控方起诉时无法证明行为人的行为与结果之间的关系罢了，至于行为与结果之间是否客观上存在确切关联，刑事法并不关心。综上，因果关系的认定与责任认定之间的关系可以总结下述规则：

规则 1：有因果关系才能认定责任，没有因果关系不能认定责任。

规则 2：有因果关系并不意味着有责任。

规则 3：有因果关系，但不能被证明，不能认定责任。（疑罪从无）

在犯罪客观要件中，因果关系的判断是客观意义上的事实判断，而不应当是包含价值因素的规范判断。它旨在说明，行为与结果之间是否客观上存在引起与被引起的关系。具体到本书，也即回答：该损害后果是该专断性医疗行为造成的吗？由于专

---

① 参见杨柳：《归因与归责：刑事医疗诉讼中鉴定机构与法院的角色定位》，载《北京理工大学学报（社会科学版）》2013 年第 3 期。

断性医疗行为是除欠缺患者同意外，其他要件与一般医疗行为无异，故本问题可以转化为：该损害后果是该医疗行为造成的吗？严格来说，在医疗行为实施对象的病患身上存在两种因果关系。一种是疾病导致损害的因果关系，一种是医疗行为导致损害的因果关系。对于疾病损害所导致的因果关系而言，它是由于自然或者人为的原因所引起，若不加干涉（治疗），会导致患者健康或者生命损害。而医疗行为原本针对疾病而产生，是试图截断疾病损害因果进程的"拦截行为"。因此，医疗行为导致的损害是为避免"疾病损害"而产生的"二次损害"，没有疾病则没有医疗行为导致的损害。至于医疗行为是否"拦截成功"，则应当以该医疗行为预期的效果来看，并非以最终的损害结果来认定。例如，对于不治之症而言，减缓病人的痛苦或者延长病人的寿命，即可以被认为达到预期的效果——即便患者最终会因疾病而死亡，此时不能将死亡结果归责于医生的治疗行为。换做普通的胆结石手术，预期治疗效果是切除患者胆囊以彻底根治胆结石，若医疗行为造成除此之外的其他损害后果，则不符合预期治疗效果（损害后果），即便胆囊被切除，医生也应当为此承担责任。医疗行为导致的损害与疾病导致的损害这两种因果进程相互叠加，使得医疗损害的因果关系较难以认定。从因果进程以及损害后果来看，存在以下几种类型：

类型 1：医疗行为造成损害，疾病没有造成损害，此时"拦截成功"。该种属于最为理想的类型，医疗行为所导致的损害属于治疗必要之损害，医生不承担责任。

类型 2：医疗行为造成损害，疾病也造成了损害，是否"拦截成功"应具体判断。若疾病造成的损害不可避免，且医疗行为符合医学治疗规则，则应当肯定医疗行为的损害具有正当性。反之，若疾病的损害原本可以避免，而医疗行为不符合医学治疗规则，则应当认定医疗行为所导致的是不当损害。需要特别注意的是，因为此时有两个损害，即医疗损害和疾病损害，前者是不当医疗行为所导致（而不是适当医疗行为导致），后者是原本可以避免的损害（拦截不成功），故这两种损害都应归因于医疗行为，也就是说，医疗行为与这两种损害均具有因果关系。该医疗行为此时本身造成了不当损害，且没有拦截本应拦截的疾病导致的损害，是"一个行为导致两个后果"，属于"一因多果"型因果关系。另外应当指出的是，在具体造成损害时，若医疗损害与疾病损害相同，则应从医疗行为本身所导致的损害来认定因果关系。例如，疾病本身可能导致死亡，在医疗行为实施过程中，医生实施了不恰当的治疗行为且患者死亡了，此时很难说医疗行为是患者死亡的原因。因为此时死亡结果到底是医疗行为所导致的还是疾病本身引起的，是难以证明的。当然，若能证明是医疗行为所致，则另当别论。

类型 3：医疗行为没有造成损害，疾病也没有造成损害。这大致属于错误但没有造成损害的行为。因为刑法只关注造成损害（实害或危险）的行为，尽管该行为属于不符合医学规则的治疗行为，但不属于刑法评价。

类型 4:医疗行为没有造成损害,疾病造成损害。若疾病的损害可以避免,则医疗行为属于无效的治疗行为,医生的治疗行为与疾病损害后果具有因果关系。因为假若该医生实施正确的治疗行为,则该损害后果不会发生,所以可以将该原本可避免的损害后果归因于医生的无效治疗行为。

类型 3 与类型 4 从严格意义上来说不在讨论之列,因为不具有损害性的医疗行为不属于本书所说的侵入性医疗行为,但该种行为也可能导致患者损害,尽管这种损害是疾病而非医疗行为造成的(类型 4)。本书也在此一并列出,以相互比较。综上可知,类型 2 是本书所讨论的医疗损害与疾病损害关系的典型样态,也是最为复杂的形式。从因果关系的视角来说,医疗行为要么仅与医疗损害之间具有因果关系,此时属于"一因一果",要么与医疗损害以及疾病损害两种损害均具有因果关系,此时属于"一因多果"。

笔者在上文中论述了(专断性)医疗行为与损害后果之间的因果关系问题,这仅表明了专断性医疗行为在因果关系中的特性——即专断性医疗行为是疾病因果历程中的拦截行为:它试图截断疾病对患者健康的损害。关于医疗行为与损害后果之间的因果关系如何认定的问题,则没有论证。前文已经提及,刑法中因果关系的认定理论主要有条件说、相当因果关系说和客观归责理论,笔者在此不试图比较三种理论之间的优劣——或许它们之间本无优劣之分,各理论都有着自身的长处和弊病,采用何种理论背后都有着非常复杂的原因。我国刑法法理中主要有必然因果关系与偶然因果关系的争论,但如何判断"必然"与"偶然",却成为难以解决的问题。医疗上因果关系的认定虽具有自身的特点,但仍然是刑法因果关系理论下的具体化,简单地说,采用何种因果关系理论则意味着在医疗上如何认定医疗损害的因果关系。这是一个重大的理论问题,需另著文详述。

第二章　义务犯:专断性医疗行为的犯罪属性

第一节　义务犯的基本理论

一、义务犯的基本含义

义务犯作为一个舶来品最早是由德国学者罗克辛在其教授资格论文《正犯与犯罪支配》中提出来的。[①] 应该说,义务犯理论的提出是为解决正犯问题的。例如,父亲见到有人强奸自己的女儿而不去救助,成立强奸罪的正犯还是帮助犯? 丈夫见到被他人推入河中的妻子不救助,致使妻子溺亡,成立故意杀人罪的正犯还是帮助犯? 依据义务犯的原理,上述父亲和丈夫都应成立正犯而非帮助犯。根据罗克辛的理论,义务犯是与支配犯相对的一个概念。支配犯是指对犯罪行为的因果流程起支配作用的人,相反,义务犯则是指违反特定义务而构成犯罪的人。[②] 义务犯回答了即便不存在事实上的因果支配流程,违反特定义务的人也可以成立正犯,上述父亲以及丈夫不予救助的行为就是适例。义务犯理论对"犯罪的本质是侵害法益"这一著名论断提出了挑战。因为义务犯与支配犯存在本质上的区别:前者以违反义务作为犯罪成立的根据,后者则是以事实支配作为犯罪成立的根据。义务违反并不意味着一定侵害法益,而事实上的支配则意味着法益损害。换言之,义务犯的理论基底在于义务违反而非法益侵害。例如上述所举的案例中,父亲见到有人强奸自己的女儿不去救助,损害后果并非父亲直接导致的,而是由犯罪行为人造成的,也就是说是犯罪行为人支配了法益损害的因果流程而非孩子的父亲。父亲只是因为违反了应当救助自己孩子的义务,从而成立强奸罪的正犯。在义务犯的理论之下,是否对于法益侵害具有支配性或许不再重要,重要的是是否违反某种义务。陈兴良教授曾经深刻地指出:"尽管对整

① 何庆仁:《德国刑法学中的义务犯理论》,载《刑事法评论》2009 年第 1 期。

② 洪求华、吴情树:《义务犯:诠释犯罪的一个独特视角》,载《检察日报》2010 年 11 月 10 日(第 3 版)。

个犯罪性质的理解上法益侵害说更为妥帖，但对某些特别犯罪类型的性质理解上，义务违反说仍有其可取之处……对身份犯的性质应当使用义务违反说，纯正身份犯在这个意义上就是义务犯。”[①]笔者对此深以为然。尽管犯罪的本质在于法益侵害作为一个大的原则是毋庸置疑的，但并非可以完美地解释所有犯罪类型，纯正身份犯就是一种例外，例如在受贿罪中，无身份者不能成立正犯，只有特定身份的人才能成立正犯，原因就在于法律赋予了特定身份的人特定的义务，无身份者则无义务，自然不能成立正犯。当然，从根本上来说，任何犯罪都损害一定的法益，从这个意义上来说身份犯也不例外，但这或许不能解决为什么当无身份者与有身份者共同损害法益时，无身份者为什么不能成立正犯的原因，这只能通过义务犯的原理才能得到解释。

值得一提的是：同样是纯正身份犯的强奸罪，为什么女性虽不能成立单独正犯却可以成立共同正犯？难道是因为女性不具有某种男性特定的义务（不能实施暴力、胁迫以及奸淫行为）？但为什么女性却可以成立共同正犯？这成为解释论上一个棘手的难题。笔者认为，何庆仁博士的观点提供了一个很好的解释进路。何博士认为，以受贿罪为代表类型的身份犯惩罚性基础和正犯准则有且只有义务违反，无身份者不能成为犯罪的核心人物；而以强奸罪为代表类型的身份犯可罚性基础和正犯准则是法益侵害和犯罪支配，无身份者虽无身份但仍可侵犯法益。申言之，受贿罪和强奸罪虽然都是身份犯，但前者是义务犯中的身份犯，后者是支配犯中的身份犯。[②] 简而言之，尽管同属身份犯，但成立犯罪和构成正犯的机理却是不同的：一个是义务违反，一个是犯罪支配。这大致可以总结成：法定犯属于义务犯，自然犯则属于支配犯。[③]

总而言之，倘若可罚性的基础和正犯准则在于义务违反的话，则属于义务犯。义务犯的核心在于义务违反，即违反了自身专属义务时则成立正犯，其代表是身份犯中的法定犯。

二、专断性医疗行为是义务犯

专断性医疗行为是违反告知同意原则下的特殊性质的医疗行为，更准确地说，是医生违反告知义务情况下实施的诊疗行为。换言之，医生本应当履行告知义务，在能履行却不履行的情况下实施医疗行为。从这个意义上来说，专断性医疗行为可以成立义务犯，主要是违反了医生的告知义务。又，告知义务属于医生专属性义务，也即是医生在实施特定的诊疗行为情况下才需履行的义务，除医生以外的其他人员并不

---

① 陈兴良、周光权：《刑法学的现代展开》，中国人民大学出版社 2006 年版，第 341—342 页。

② 何庆仁：《义务犯研究》，中国人民大学出版社 2010 年版，第 207 页。

③ 之所以使用“大致”一词，是因为自然犯与法定犯区分本身具有相对性，且没有形成公论。

具有此种义务,故此为法定义务。只有“医生未履行特定的告知义务才成立专断性医疗行为”表明,专断性医疗行为所涉犯罪必为身份犯,且只有违反该类身份(医生)告知义务才能成立犯罪,因而可以肯定,专断性医疗行为若成立犯罪,则肯定是义务犯。

第二节　义务来源——医疗领域中的知情同意原则

一、渊源与流变:告知同意原则的基本梳理

(一) 域外知情同意原则发展基本脉络

知情同意(Informed Consent)原则并非自医疗行业诞生而建立,而是医疗技术与人类权利意识发展相互作用的产物,其大致经历了以医生为中心的家长式医疗到以患者为核心的告知同意原则建立的发展阶段,反映了医患关系中以医生为中心到以患者为中心的演变。

医疗行业诞生之日起,由于医疗行为的专业性导致医生在诊疗关系中占有绝对主导地位,医患关系从而以医生为主导,故称为家长式医患关系。此种关系主张医生如同病患的家长一样,对病患的诊疗具有决定权,而病患对于医生的行为只有服从。医生对于医疗信息应当予以保密而不泄露给包括患者在内的任何人。以被医生奉为圣典的希波克拉底誓言(Hippocratic Oath)为例,其宣称“在治病过程中,凡我所见所闻,不论与行医业务有否直接关系,凡我认为需要保密的事项坚决不予泄露”①。其所反映的正是以医生主导、赋予医生家长式的对待病患权利与义务的医患关系。此种模式认为,医疗的专业性决定了医生的主导性,在诊疗活动中,医生无需告知患者与诊疗有关的事项,即便是告知患者,医学的专业亦将导致患者无法理解专业性极强的医疗行为。并且,该模式先验地认为医生必然以患者利益为中心来实施相关医疗行为,所以医生实施医疗行为无需考虑患者是否知情、是否同意以及患者本身的感受。显然,“家长式”模式假定医生都是以病患的最大利益为出发点来实施诊疗行为的,故病患自身的感受乃至人格尊严均无需考虑。然而,随着第二次世界大战中大量开展的人体试验以及包括病患在内的人类自身权利意识的觉醒,“家长式”模式受到挑战并逐渐衰亡。在二战中,由于纳粹医生开展大量人体试验而受到国际法庭审判。

---

① 引自希波克拉底誓言。希波克拉底(Hippcrates,约前 460—前 377),被西方尊称为“医学之父”的古希腊著名医生,欧洲医学奠基人,西方医学奠基人。1948 年,世界医学学会对这个誓言加以修改,定名为《日内瓦宣言》,后来又通过决议,把它作为国际医务道德规范。

作为纽伦堡军事法庭决议的一部分的《纽伦堡法典》首次确认，对于人体试验而言，“受试者的自愿同意绝对必要，不受任何势力的干涉、欺瞒、蒙蔽、挟持或者哄骗……”此即告知同意原则的原型。随后，《纽伦堡法典》所确立的医学伦理原则与法律观点为1964年第十三届世界医学会通过的《赫尔辛基宣言》所接受，成为人体试验的指导方针，这是人体试验领域中的告知同意(Informed Consent)原则的确立。

肇始于20世纪50年代的人权运动席卷欧美，人权运动的发展导致国民权利意识高涨并且深入人心。在医疗领域内，病人对于自我权利的认识使得医患关系的中心开始转向患者一方，家长式医疗模式开始瓦解，病人自我决定权开始受到重视。告知同意法则是英美法系的产物，在英语语言文献中，涉及告知同意的首次记载可追溯到1767年的英国Slater案，在该案中，法院认为，在实施手术前取得患者同意是“外科医生之惯例和法则”。① 在美国，Salgo案件对于知情同意原则的建立具有里程碑式的意义。案中患者为一名叫做Salgo的50多岁男性，因医生怀疑其腹部主动脉阻塞从而建议患者使用主动脉造影术(Aortography)以确定阻塞位置，结果造成该患者下肢完全瘫痪。尽管这种检查在当时、当地并没有作为一项常规检查而普遍运用，且风险较小，但患者质疑医生未将风险告知于他，要求其承担相应责任。美国加州上诉法院Bray法官认为医师必须将患者的利益放在首位，并在判决中首次确立了“知情同意”这一表述。② 随后，1972年11月17日美国医院协会发表全美国最有名的《病人权利宣言》，将Informed Consent原则典章化；1990年10月，美国《患者自我决定法》经立法机关通过，于1991年12月施行。该法将患者对于医疗行为的知情同意与拒绝的权利作为其中一项重要内容。至此，Informed Consent法则得到立法的正式确认。③

(二) 知情同意原则在我国的发展

知情同意原则在我国的确认和发展较晚，主要散见于各个相关法律规定。主要表现如下：(1)《中华人民共和国执业医师法》第26条规定：“医师应当如实向患者或者其家属介绍病情，但应注意避免对患者产生不利后果。医师进行实验性临床医疗，应当经医院批准并征得患者本人或者其家属同意。”(2)《医疗机构管理条例》第33条规定：“医疗机构施行手术、特殊检查或者特殊治疗时，必须征得患者同意，并应当取得其家属或者关系人同意并签字；无法取得患者意见时，应当取得家属或者关系人同

① 赵西巨：《从知情同意原则的历史渊源和发展轨迹看其所保护之权利及其性质》，载《南京医科大学学报(社会科学版)》2005年第4期。

② 赵西巨：《从知情同意原则的历史渊源和发展轨迹看其所保护之权利及其性质》，载《南京医科大学学报(社会科学版)》2005年第4期。

③ 左金平：《医疗行为的刑法评价——以患方知情同意为中心》，厦门大学2009年硕士论文。

意并签字；无法取得患者意见又无家属或者关系人在场，或者遇到其他特殊情况时，经治医师应当提出医疗处置方案，在取得医疗机构负责人或者被授权负责人员的批准后实施。”(3)《医疗事故处理条例》第 11 条规定：“在医疗过程中，医疗机构及其医务人员应当将患者的病情、医疗措施、医疗风险等如实告知患者，及时解答其咨询；但是，应当避免对患者产生不利后果。”(4)《医疗美容服务管理办法》第 20 条规定：“执业医师对就医者施行治疗前，必须向就医者本人或亲属书面告知治疗的适应症、禁忌症、医疗风险和注意事项等，并取得就医者本人或监护人的签字同意。未经监护人同意，不得为无行为能力或限制行为能力人实施医疗美容项目。”(5)《母婴保健法》第 19 条规定：“履行终止妊娠或者结扎手术，应当经患者本人同意，并签署意见。”(6)《病历书写基本规范》(试行)第 10 条规定：“对按照有关规定需取得患者书面同意方可进行的医疗活动(如特殊检查、特殊治疗、手术、实验性临床医疗等)，应当由患者本人签署同意书。患者不具备完全民事行为能力时，应当由其法定代理人签字；患者因病无法签字时，应当由其近亲属签字，没有近亲属的，由其关系人签字；为抢救患者，在法定代理人或近亲属、关系人无法及时签字的情况下，可由医疗机构负责人或者被授权的负责人签字。因实施保护性医疗措施不宜向患者说明情况的，应当将有关情况通知患者近亲属，由患者近亲属签署同意书，并及时记录。患者无近亲属的或者患者近亲属无法签署同意书的，由患者的法定代理人或者关系人签署同意书。”

纵观上述我国法律的相关规定，大致可以得出如下结论：

第一，我国相关法律虽形式上未明文规定“告知同意”原则，但实质上已经对告知同意原则予以规定，并且存在现实判例。请看如下案件：2002 年 2 月 27 日晚，原告刘某与其夫妹曾某因一氧化碳中毒而昏迷，次日 9 时许，经他人送到被告巫山县人民医院急诊科(门诊)进行抢救治疗，经医院采用给氧、脱水、利尿、抗感染等治疗方法进行抢救苏醒后，病情得到好转，次日 21 时许，治疗医生对其停药、停氧，同年 3 月 1 日上午，被告巫山县人民医院在没有与原告刘某及其家属办理任何手续的情况下，让其回家。同年 3 月 23 日，原告刘某出现反应迟钝、头痛头晕等症状，3 月 26 日刘某及其丈夫曾甲到宜昌市中心医院住院治疗 3 天，被诊断为中毒性脑病。3 月 30 日又转到重庆市三峡中心医院住院治疗。同年 6 月 19 日由巫山县公安局法医对刘某作出了〔2002〕法医鉴字第 100 号技术鉴定，认定刘某的残疾程度为一级。2002 年 10 月 15 日原告刘某向法院提起诉讼。

一审法院认为被告巫山县人民医院在诊疗过程中不存在过错，对原告的请求不予支持。判决生效后，重庆市人民检察院第二分院以巫山县人民法院〔2002〕山民初字第 1150 号民事判决认定的事实不清，证据不足为由提出抗诉。其理由是：巫山县人民医院在治疗过程中存在过错，与刘某一级伤残之间存在因果关系。根据《医疗事故处理条例》第11条规定，在医疗活动中，医疗机构及其医务人员应当将患者的病情、医疗措施、医疗风险等如实告知患者。作为医疗机构应当清楚一氧化碳中毒患者苏醒，并不表示已经治愈，应不允许其出院，若病人或家属坚持出院，也必须进行劝阻和报科主任批准，由刘某或其家属出具出院手续等程序。二审法院基本同意抗诉机关的意见，认为巫山县人民医院的治疗方式虽符合常规，但应当知道原告虽苏醒但未治愈，却过早停止治疗，并在没有与刘某或其亲属办理任何相关手续，也未对刘某及其家属告知有关注意事项和此病可能会产生的危害后果的情况下，同意刘某回家，属医院未履行告知义务。为此，医院应当承担民事责任。[①] 因此可以看出，告知同意原则已经在我国实质上确立。

第二，在我国的告知同意原则中，对于告知的主体规定明确（即医生），对于同意的主体界定存在分歧。根据《执业医师法》第26条规定，医生应当向“患者或者家属介绍病情”，但根据《医疗机构管理条例》第33条规定，不但应当取得患者本人同意，还需取得家属或者关系人同意或者签字，这使得告知的对象或同意的主体存在争议。这表明，我国告知同意原则内容仍有待更深一步的探究。

第三，我国知情同意原则的发展与域外该原则的确立不同，我国并非以判例为根据、以人权发展特别是患者权利的觉醒为基础建立该原则，而主要是以借鉴国外先进立法和经验并移入我国来确立该原则的。

二、患者自我决定权：告知同意原则之核心

上述对告知同意原则的基本梳理表明，告知同意原则的确立过程大致经历了两个阶段，即以医生为核心的家长式医患关系阶段和以患者为核心的医患关系阶段。在以医生为核心的阶段中，医生被赋予家长式的地位，对患者如何诊治具有决定权，患者对于针对自我的医疗行为并无决定权，居于被动和辅助地位，因此，医生对于患者的诊疗行为不需要告知，更不需要获得患者同意，医生被当然视为以患者为中心并代为患者决定所有诊疗事项。在“知情同意”原则确立之前，医生对于医疗信息的隐瞒几乎成为习惯，且常以维护患者的福祉和利益为挡箭牌。医生对医疗相关信息的知而不报是深深植根于医学界古老的希波克拉底誓言的，根深蒂固且极具惯性。[②] 然而，随着患者的权利不断受到重视，家长式医患关系模式受到挑战并最终崩溃，以患者为核心的医患模式随即登场。在以患者为核心的阶段中，患者居于主导和主动

---

① 参见：《医疗事故处理条例（案例注释版）》，中国法制出版社2009年版，第16—17页。

② 赵西巨：《论违反告知义务之医疗侵权形态的特殊性》，载《山东大学法律评论》2009年00期。

地位，对针对自我的医疗行为具有决定权，而医生则居于辅助性地位。医生应当对施于患者的诊疗行为进行详细的说明，并取得患者同意后方能实施。因此，“告知——同意”实质上是患者核心地位的一种体现，其落脚点和核心在于“同意”而非“告知”。

通过对两个不同阶段的分析表明：从医生为核心的医患关系转变为以患者为核心的医患关系对于告知同意原则的建立具有决定性意义。两个不同阶段的转变实质上就是从“医生决定”到“患者决定”的转变。因此，告知同意原则确立背后矗立的是“患者决定”——即患者决定权。从本质上而言，告知同意原则是患者自我决定权的征表。“患者决定”与“医生决定”相对，核心要义是指患者对于施之于自我身体的医疗行为具有决定权，即决定是否实施和采用何种方式实施的权利。而医生则应当“告知”患者各种医疗行为的长处与弊端以及所具有的风险，以便患者综合考量后予以“同意”。从“医生决定”到“医生告知”和“患者同意”使得医疗行为的实施决定由“医生”转变为“患者”，“同意”即是患者决定权的体现。

三、权利理论：自我决定权的哲学基础

探究自我决定权的哲学根据是构建自我决定权的基础，因为“哲学是一切科学的科学”。从哲学层面而言，“自我决定就是主体基于对自由的普遍承认和尊重而通过行为来决定和实现自己的自由，它是意志自由的客观表现”①。因此，自我决定权的哲学基础是以人的意志自由为表现的自由主义。在西方自由主义的发展史上，对自由主义的证成大致遵循两个路径：其一是权利理论，其二是功利主义。② 权利主义的早期形式是自然权利学说。例如洛克认为：人生而具有某些自然权利，其中一些是不可转让和剥夺的。个人将自身的某些权利让渡给社会，这便形成了社会和政府权力，那些不可转让和剥夺的权利即公民权。随后，“公民权”概念经过演变成为今天的“人权”。人权理论的核心观点认为，人有某种天赋的不可剥夺的权利，例如自由权、财产权、平等权等等，至于“天赋、不可剥夺的人权”具体内涵是什么，仍在争议之中。功利主义与权利理论不同，其评价行为的善恶标准是行为的后果，代表人物有边沁。根据边沁的理论，每个人都有趋利避害的本能，凡是能给个人或者群体带来快乐的行为就是善或者好的。因此，人应当具有某种自由，例如政治自由、表达自由等等，因为这些自由可以促进个人功利和社会功利的最大化。

从上述对自由主义不同的证成路径可以看出，法律意义上的自我决定权理论的

---

① 冯军：《刑法中的自我答责》，载《中国法学》2006 年第 3 期。

② 李强：《密尔〈论自由〉导读》，参见[英]密尔：《论自由》，顾啸译，译林出版社 2010 年版，前言第 5 页。

哲学根据应当在于权利主义理论。在西方古典哲学看来，人都是理性的人，人可以根据自己的意志来实施行为，不受任何其他因素干扰和制约。黑格尔认为，自由的东西就是意志。有意志而没有自由，只是一句空话；同时，自由只有作为意志，作为主体，才是现实的。[①] 因此，作为自由的一个具体内容，自我决定应被视为个体与生俱来的不容置疑的一项基本权利。一个人应当按照自己的意愿来实施自己的行为，否则，他就是不自由的。"自由是对每一个人能够自我做主的私人领域的保证。"[②]自我决定是自由的核心，个人通过其自我决定而感受并且实现自由。人之所以能够自我决定，是因为人具有意志，而意志是自由的。[③] 因此，自我决定权可以细分为两个层面的含义：一是意志自由，这是个体自由的根源和根基；二是行为自由，这是意志自由的外在表现。自我决定权从形式而言表现为个人是否实施行为、实施何种行为的自由，从实质上而言体现的即意志自由。个体自由不但表现为个体的自我决定，也表现为自由不受限制以及他者对其自由的尊重，因此，个人自由是由自我以及他者来共同定义。追诉和考察自我决定权的哲学渊源，可以对自我决定权的哲学内涵作如下界定：第一，哲学意义上的自我决定基于自由主义，就证成路径上来说，属于自由主义渊源中的权利主义。因此，自我决定权应当视为人权中自由权的具体化。第二，自我决定的根基在于意志自由，而意志自由的前提在于"人皆理性"这一古典哲学依据。这与刑事古典学派中(前期旧派)的理论预设是如出一辙的。至于人是否都是理性的人并且意志自由，这是至今为止都争议不断的哲学辩题。第三，自我决定即表现为自己的事情自我决定(即自由)，也表现为国家、社会、他者对个体自由的尊重，此即"自我决定一方面涉及到个人的活动自由，另一方面涉及到对他人自由的尊重。"[④]换言之，自我决定实质上是由自我和他者共同定义的。从这个意义上来说，个体并不是对所有自己的事情都能自我决定，他会受到也应当受到社会和国家的各种制约或限制。

四、患者决定权的权利属性

告知同意原则的核心是患者的自我决定权，那么，自我决定权究竟是一项什么性质的权利呢？这恐怕不能不提著名的"病人基于宗教信仰拒绝接受输血案"。[⑤]

---

① [德]黑格尔：《法哲学原理》，范扬、张企泰译，商务印书馆 1996 年版，第 12 页。

② [法]雷蒙·阿隆：《论自由》，姜志辉译，上海译文出版社 2009 年版，第 78 页。

③ 冯军：《刑法中的自我答责》，载《中国法学》2006 年第 3 期。

④ Rainer Zaczyk：Strafrechtliches Unrecht und die Selbstverantwortung des Verletzten，1993，转引自：冯军：《刑法中的自我答责》，载《中国法学》2006 年第 3 期。

⑤ 案件详情参见：夏芸：《患者自己决定权和医师裁量权的冲突——评"病人基于宗教信仰拒绝接受输血案"》，载《南京大学法律评论》2003 年春季号。

原告花子是“耶和华的证人”的信徒。“耶和华的证人”是一个教派,因其圣经中写到人类如果避开了血就能获得精神和肉体的健康,所以该流派认为血液一旦脱离了肉体,即便通过医学手段也不可使之重返体内。1992 年,花子罹患肝癌,因其拒绝手术输血,被多家医院拒绝收治,最终辗转来到国立东京大学医科学研究所附属医院。手术前,花子言明在手术中不能输血,并以书面形式载记。而医生在术前没有告诉花子在手术中可能会输血,因为怕一旦告诉花子,花子会拒绝手术。在手术中,由于不输血花子将有生命危险,所以医生给花子输血大约 1200 毫升。术后,手术医生将输血情况告知了花子及其家人。于是,花子认为自己已有“即便不输血就不能挽救生命的情况下也不输血”的声明,而本案中的手术违反了该声明,本案医生在未向病人说明治疗方针的情况下进行输血,这种行为违反了医生的说明义务,侵害了病人的自己决定权,应当承担损害赔偿责任,遂诉诸法院。1997 年 3 月 12 日,东京地方裁判所认为,即便病人明确拒绝,但是医师是为挽救病人的生命而实施输血,是符合社会利益的正当合法行为,花子不服提出上诉。1998 年 2 月 9 日,东京高等裁判所作出变更判决,认定该案中的医生违反了医师说明义务,故判决被告支付原告精神损失费 50 万日元以及律师费 5 万日元。

在本案中,医师虽违背病人的意志和声明给病人输血,但输血行为本身并未给病人造成任何损害,反而是救助病人的必要措施,所以,在该案中高等裁判所的判决昭示的是这样一个结论:侵犯病人自我决定权未造成身体损害应支付精神损害赔偿。这一判决使“自我决定权”浮出水面。那么,所谓的“自我决定权”到底是一种什么性质的权利呢?德沃金曾经对生命自主权作出过阐述:“比起其他人,每个人应该都最清楚自己的最佳权益所在。……从长远的结果来看,我们最好还是要承认确实存在着一种普遍的自主权,而我们也应该尊重这种权利;就算我们认为别人做了错误的决定,我们也不应该藉由扣住这种权利,进而扰乱他们的生命。”[①]德沃金论述仅是生命自主权的基本内涵,却未对自我决定权性质作出界定。在日本,自我决定权也被称为“自己决定权”,一般而言,自己决定权是与他人无关的事情,自己有决定权,仅仅对自己有害的行为,由自己承担责任的权利;或者是就个人的事情,公权力不得干涉由自己决定的权利。它一般包含如下内容:(1)服装、打扮、外观、同性恋等的性自由、结婚、离婚等这些所谓的自己决定生活方式的自由。(2)危险的运动、饮酒驾驶、高速驾驶、登山、快艇、驾驶时不带头盔和不系安全带、吸烟等所谓的危险行为之自己决定的自由。(3)是否生育小孩等所谓自己决定生产的自由(结扎、避孕、堕胎等问题)。

---

① [美]德沃金:《生命的自主权——堕胎、安乐死与个人自由的论辩》,郭贞伶、陈雅汝译,商周出版公司 2002 年版,第 257 页。

(4)治疗拒绝、安乐死、自杀等所谓自己决定生和死的自由。[①] 松井所说的自我决定权是与个人生活方式、爱好相关的权利，属于宪法上所探讨的基本人权范畴，是一项宪法权利。但日本宪法并未明文规定自我决定权，能够析出该权利的依据是日本宪法第 13 条，"所有国民，均作为个人而受尊重。国民对于生命、自由及追究幸福的权利，以不违反公共福祉为限，于立法及其他国政上，须受最大的尊重"。与日本不同，德国基本法第 2 条第 1 款规定："只要未侵犯他人的权利，未抵触宪法规定以及未违背公序良俗，那么任何人都有权使其人格自由的形成和发展。"德国学界一般认为，从该条规定可以直接得出宪法关于自我决定权的规定。我国台湾地区法规也未对自我决定权作出规定，一些学者试图从台湾"基本法律"中规定的"凡人民之自由及权利，不妨害社会秩序公共利益者，均受宪法之保障"试图析出自我决定权，但未达成共识。

在我国大陆地区，相关法律也未对自我决定权作出明文规定，一般大致是从宪法的一些条文中概括性的把握。[②] 林来梵教授认为，对宪法中人格权应当做扩张解释，即宪法上的人格权应当囊括我国宪法没有明文规定的生命、健康、姓名、隐私、名誉、肖像和语言等等权益，甚至可以包括新兴的环境权、婚姻或性方面的自决权。[③] 也有将自我决定权具体化的，例如认为姓名权(取姓命名的权利)一般不属于普通民事权利的姓名权，而应当是宪法基本权利的姓名权，它属于自我决定权的范畴。[④] 韩大元教授认为自我决定权是人自主性的一种体现，也可以体现为对生命健康权的一种处置，例如器官移植就是属于此种情形。[⑤] 有关孕妇的堕胎权利也应属于这种权利，但其对于自我决定权到底属于何种性质则未展开论证。[⑥] 与在宪法领域作为一般权利论述自我决定权不同的是，民法领域将其视为具体权利进行界定，认为自我决定权是权利人针对自己具体人格要素进行自我决定和塑造的权利，其性质是对于具体人格权权能进行抽象的一种相对独立的权利，以保护权利人的意志人格为目的。[⑦]

---

① 松井茂记：《论自己决定权》，莫纪宏译，载《外国法译评》1996 年第 3 期。

② 这主要包括：《宪法》第 24 条：国家尊重和保障人权；第 38 条：中华人民共和国公民的人格尊严不受侵犯；第 51 条：中华人民共和国公民在行使自由和权利的时候，不得损害国家的、社会的、集体的利益和其他国家公民的合法自由和权利。

③ 林来梵：《宪法上的人格权》，载《法学家》2008 年第 5 期。

④ 刘远征：《论作为自己决定权的姓名权——以赵 C 姓名权案为切入点》，载《法学论坛》2011 年第 3 期。

⑤ 韩大元、于文豪：《论人体器官移植中的自我决定权与国家义务》，载《法学评论》2011 年第 3 期。

⑥ 王贵松：《价值体系中的堕胎规制——生命权与自我决定权、国家利益的宪法考量》，载《法制与社会发展》2007 年第 1 期。

⑦ 杨立新、刘召成：《论作为抽象人格权的自我决定权》，载《学海》2010 年第 5 期。

由上可知,我国学界基本上是在宪法领域与民法领域展开对自我决定权的讨论的,这也基本符合域外关于自我决定权的讨论范围。笔者认为,将自我决定权区分为宪法上自我决定权与民法上的自我决定权具有合理性。首先,宪法作为母法或者根本大法应当规定人的基本权利,而作为“自己决定自己事情”的自我决定权具有人的基本权利属性,理应规定在宪法当中。尽管我国宪法尚未明文规定自我决定权,但这可以从宪法第24条、28条、51条规定中概括得出。其次,由于在我国宪法所规定的权利一般不具有可诉性①,所以宪法所规定的权利在司法实际中变得“看上去很美”,不能得到切实有效的司法保护。在此种情形之下,不得不借助于将宪法权利具体化的部门法了。民法上所规定的人格权等相关内容是宪法所规定的基本权利的具体化和司法化,是对相关权利予以诉讼保护的基本路径。最后,划分宪法与民法两个层次的自我决定权也有利于该项权利的实质保护。作为宪法基本权利的自我决定权表明,自我决定权作为人最为基本权利之一已经规定在宪法当中,属于人最为重要的权利,是人生存和发展的基础,任何人不得侵犯,这昭示了自我决定权的重要地位和重要意义。与此同时,作为民事权利的自我决定权是可以通过诉讼予以救济的权利,能得到切实有效的保护。因此,宪法层面与民法层面对自我决定权的规定呈现出不同的意义和作用,不可混淆。与此相关联的另一个问题是:自我决定权除去上述两种法律保护之外,是否还受到其他法律的保护?回答是肯定的,法律对自我决定权的保护是具有层次性并且是全方位的。以性的自我决定权为例,对于成年女性而言,性的自我决定是其自我决定权的重要内容之一,侵犯女性性的自我决定权可以构成刑法上的强奸罪。从实质上而言,强奸罪的犯罪人既侵犯宪法上的自我决定权,同时也侵犯了民法上的性的自我决定权,且侵犯行为已经达到构成犯罪的程度,因此还应当承担刑事责任。这意味着,自我决定权虽然规定于宪法和民法,但实质上受到法律体系的多重保护,刑法作为其他法的保障法理所当然是其保护法律之一。民法上的侵权与刑法上的犯罪可以是侵犯同一种权利的行为,两者只是侵犯程度不同或者是对同一个侵犯行为的不同评价而已,可以并行不悖。一个行为承担了刑事责任并不意味着免除了民事责任,两者同样可以并存。将民事责任与刑事责任相互对立甚至排斥的做法无论在理论上还是司法实践上都是站不住脚的。

---

①　参见《最高人民法院关于废止2007年底以前发布的有关司法解释(第七批)的决定》,2008年12月8日最高人民法院审判委员会第1457次会议通过(法释〔2008〕15号)。在该司法解释中,废除了“中国宪法司法化第一案”——齐玉苓的司法解释。此实质上意味着法院将不能援引宪法裁判。

(一) 民法意义上的自我决定权

1. 自我决定权的具体内容

既然宪法对自我决定权作了一般性规定,而民法对自我决定权予以具体化,那么在民法意义上界定自我决定权的基本内涵十分重要。从权利属性而言,自我决定权应当属于人身权的范畴,规定在我国《民法通则》第四节"人身权"中。具体而言,自我决定权应当包括生命自我决定权、身体自我决定权、健康自我决定权与姓名自我决定权。(1)生命的自我决定权。人是否对自己的生命享有决定权?这在道德、伦理与法律上是一个争议颇大的问题。一般而言,法律并不关注和处罚自杀行为,但这并不意味法律鼓励和认可自杀行为。人的生命具有最高价值,是人类社会存在和发展的基础,因此在传统的哲学观看来,人的生命并不属于个体本身,而是具有重要的伦理价值和社会属性。然而,倘若过分强调生命的社会属性,那么个体对生命的拥有将失去意义。个体作为生命权的直接拥有者和感受者,应当从生命中收获自我价值和社会价值,否则,生命的存在或将失去意义。以安乐死为例,身患绝症的患者在无法忍受病痛折磨时,有尊严地死去或许比无尊严地活着更有意义。因此,在笔者看来,尽管个体随意结束自己的生命对于社会和他人来说具有负价值,但在特定的情形下,应当赋予个体结束自我生命权利,这既是对个体生命本身的尊重,也是对"自己的事情自己决定"的重视。(2)身体的自我决定权。一般认为,身体权是自然人保持其身体的完整的权利。① 古语有云:身体发肤,受之父母,不敢毁伤。这可以视为朴素的身体权的表述。毫无疑问,身体的完整性是个体存在和发展的基础条件。个体自身的发展和人格权的实现并非千篇一律,个体按照自我的意愿去实现自我发展具有正当性。例如,在现实生活中,每个人可以根据自己的喜好将自己的头发塑造成各种类型,这虽然是对自己身体完整性的破坏,但没有人对此抱有异议。质言之,权利人可以按照其内在的情感、哲学、宗教以及人生观等构成其内在人格的重要观念,去对自己的身体特征进行自我决定,从而实现其人格发展。② 这在医学整形领域得到最为充分的体现。在现代生活中,人们为了追求更美的形象(这实际也是一种人格体现和发展)可以对自己身体进行"医学改造",例如丰胸、整形、抽脂等手术。因此,基于个体自身人格权的发展可以实现对身体的自我决定。(3)健康的自我决定权。所谓健康权,是指人具有保持身体机能正常的一种权利,人的健康是人格发展的必要条件。当健康受损时,个体可以选择恰当的方式恢复原有的健康状态,这在医疗领域体现得最为明显。随着医疗技术的发展,针对同一病症可能存在多种治疗方法,在此种情形之下,

---

① 史尚宽:《债法总论》,中国政法大学出版社 2000 年版,第 148 页。

② 杨立新、刘召成:《论作为抽象人格权的自我决定权》,载《学海》2010 年第 5 期。

医生应当对病人告知各种治疗方法的利弊以及存在的风险，以供病人进行选择。病人选择治疗或者不治疗，以及选择何种治疗方式，即是对健康的自我决定。（4）对姓名权的自我决定。我国《民法通则》第99条对姓名权予以专门规定："公民享有姓名权，有权决定、使用和依照规定改变自己的姓名，禁止他人干涉、盗用、假冒。"这使得姓名权成为独立于其他人身权的权利。公民的姓名权大致可以分为两个层面的含义：首先，公民享有决定其姓名的权利，此即取姓命名的权利。其次，公民享有其姓名权不受侵犯的权利，即未经公民个人允许不得使用其姓名的权利。前者即本书所指的自我决定权的内容。语言文字包含特定的意义，公民的取姓命名体现公民个人的情感、价值以及人生追求，是其人格认知和发展的具体体现。因此，无论使用何种姓名，都是公民自我决定权的具体表现。

2. 自我决定权的民法保护

笔者认为，民法意义上侵犯自我决定权的行为属于侵权法调整，主要表现为两个层面：第一，单纯侵犯自我决定权的行为[①]，如上述的"病人基于宗教信仰拒绝接受输血案"。因为该种类型的侵权行为并未造成被害人实质性的损害，仅侵害自我决定的意志自由，因而主要是精神损害赔偿。第二，造成实质性损害的侵犯自我决定权的行为，这主要表现在医疗领域，这里的实质性损害主要包括生命丧失、健康受损、财产损害、治疗机会丧失等。根据我国现行《侵权责任法》第七章"医疗损害责任"的规定，由医疗机构和医疗行为导致的损害主要承担民事赔偿责任。

（二）刑法意义上的自我决定权

1. 自我决定权的法益

将自我决定权界定为"自己的事情自己决定"，也即意味着从法益保护角度而言，"自己的事情"是保护对象，此即刑法上的个人法益。在刑法教义学上，个人法益主要是与个人有关的诸如生命、身体、自由、财产与名誉等利益。与此相对应的，即杀人罪、伤害罪、拘禁罪等具体罪名。简而言之，自我决定权所体现的法益主要是公民人身权益和财产权益。从另一方面而言，他人法益以及社会法益不是自我决定权所涵摄的内容。大量的个人利益之所以受到刑法保护，只因为它们是摆脱依赖的、起码自由的基础，诸如身体不受侵害的自由，不受物质窘境局限以及不受他人支配等等。[②]

2. 自我决定权在刑法上的具体展开

（1）被害人承诺

① 这里所说的"单纯"，是指仅侵害"自我决定"，未造成其他实质性的损害，即未造成生命、身体、健康等权利的损害。

② ［德］冈特·施特拉腾韦特、洛塔尔·库伦：《刑法总论Ⅰ——犯罪论》，杨萌译，法律出版社2006年版，第144页。

被害人承诺是超法规违法性阻却事由，也是自我决定权在刑法教义学上最具代表性的体现。被害人承诺是行为人对自己权益的一种处分行为，得被害人承诺行为阻却违法。例如，甲得到被害人乙的承诺将其打成轻伤的行为，因存在被害人承诺，故甲的行为不构成犯罪。不论基于何种立场和学说，一般都认为，被害人对轻伤害的承诺是有效的。这是因为，法益处分的自由是法益的组成部分，而不是法益之外的部分。[①] 对(个体)权益的保护不仅仅限于身体，还包括个体处分自身利益的自由。[②] 但若身体法益涉及其他法律需要保护的利益，轻伤害则有可能成立犯罪。例如我国《刑法》第 292 条规定的聚众斗殴罪。从该条第二款可知：聚众斗殴造成重伤的，应当按照故意伤害罪论处；聚众斗殴造成轻伤的，仍以聚众斗殴罪论处。为什么同样是造成身体轻伤害的行为，一个构成聚众斗殴罪，另一个却不成立犯罪呢？这是因为聚众斗殴罪所保护的主要法益是“公共秩序”，是超越了被害人个人法益的社会利益，即便有被害人承诺[③]，也不能阻却本罪的成立。

(2) 被害人自陷风险

所谓被害人自陷风险，是指被害人基于自我决定而参与危险状态之中，当造成损害时，如何认定他人责任的问题。被害人自陷风险主要包含两种情形：

其一是无他人参与的自己危险化行为。例如，行为人甲明知登山具有一定的危险性，仍然决意实施登山行为，结果摔成重伤。此种行为不能用刑法来评价，因而不具有刑法上的意义。

其二是基于合意的他者危险化，虽然给被害人造成实害结果的是他人(被告人)的行为，但被害人认识到并且同意被告人行为给自己带来的危险(即被害人仅承诺了危险，而没有承诺实害)。[④] 例如，德国《帝国法院刑事判例集》第 57 卷中的梅梅尔河案：在暴风雨中，一名乘客想让这名摆渡工把自己渡过梅梅尔河去。这名摆渡工劝阻他，指出这种天气过河的危险性。这名乘客坚持自己的意愿，这名摆渡工只好冒险，但是船翻了，这名乘客淹死了。[⑤] 德国法院判决认为，摆渡工没有特别的保护义务，也没有违反义务，否认摆渡的船工成立犯罪。笔者认为，问题的根本在于，乘客认可

---

① [日]山口厚：《刑法总论》，有斐阁 2007 年版，第 159 页。转引自张明楷：《故意伤害罪司法现状的刑法学分析》，《清华法学》2013 年第 1 期。

② [德]冈特·施特拉腾韦特、洛塔尔·库伦著，杨萌译：《刑法总论 I——犯罪论》，法律出版社 2006 年版，第 144 页。

③ 事实上，斗殴行为的参与方均认识到自己的身体可能会受到伤害，仍然参与斗殴，可以视为被害人对轻伤害的承诺。

④ 张明楷：《刑法学中危险接受的法理》，载《法学研究》2012 年第 5 期。

⑤ [德]克劳斯·罗克辛：《德国刑法　总论(第 1 卷)》，王世洲译，法律出版社 2005 年版，第 268 页。

了自己乘船的风险(对风险予以接受),是否意味乘客对自己可能被淹的结果也予以认可或者接受(对实害结果的允许)? 回答是否定的。被害人虽然自愿陷入某种危险之中,但对于危害结果的发生抱有侥幸心理或者是持反对态度的,被害人对危险的容认并不代表对实害结果的容认,这也是被害人承诺与被害人自陷风险的核心区别。前者同意危害结果,后者只是同意结果发生的危险。当然,二者又"可以最终追溯到承认被害人的自我决定权,尊重被害人的自由的实现这一共同的思想基础"①。因此,笔者认为上述案件中摆渡的船工应当成立过失致死罪。

(3) 被害人的自诉权

尽管刑事诉权主要规定于程序法,但我国刑法关于亲告罪的规定是被害人自我决定权在实体法与程序上的体现。我国刑法在第 246 条、第 257 条第 1 款、第 260 条第 1 款和第 270 条分别规定了 5 个亲告罪,即侮辱罪、诽谤罪、暴力干涉婚姻自由罪、虐待罪以及侵占罪。在这五个罪中,被害人可以自我决定是否提起诉讼。此即我国刑法所规定的"告诉才处理"的犯罪。刑法所规定的告诉才处理的犯罪,从程序法而言,不经告诉则不可发动诉讼程序;从实体法而言,未经告诉的,不能认定为犯罪。因此,从实质上而言,被害人的自诉权(自我决定)既能影响定罪,也在刑事程序上具有一定意义。需要特别指出的是,应当将刑法上的"亲告罪"与刑事诉讼法的"自诉案件"区分开来。我国刑法仅规定了上述五个"告诉才处理"的犯罪,而我国刑事诉讼法所规定的"自诉案件"范围要广得多。根据我国新《刑事诉讼法》第 204 条的规定,自诉案件包括以下三类:"(一)告诉才处理的案件;(二)被害人有证据证明的轻微刑事案件;(三)被害人有证据证明对被告人侵犯人身、财产权利的行为应当追究刑事责任,而公安机关或者人民检察院不予追究被告人刑事责任的案件。"根据相关司法解释,上述第一类即刑法上所规定的"告诉才处理"的五个犯罪。第二类主要包括:①故意伤害案(刑法第 234 条第一款规定的);②非法侵入住宅案(刑法第 245 条规定的);③侵犯通信自由案(刑法第 252 条规定的);④重婚案(刑法第 258 条规定的);⑤遗弃案(刑法第 261 条规定的);⑥生产、销售伪劣商品案(刑法分则第三章第一节规定的,但是严重危害社会秩序和国家利益的除外);⑦侵犯知识产权案(刑法分则第三章第七节规定的,但是严重危害社会秩序和国家利益的除外);⑧属于刑法分则第四章、第五章规定的,对被告人可能判处三年有期徒刑以下刑罚的案件。第三类主要是指侵犯公民人身、财产权利的犯罪,范围则更广。

从上述分析可以看出,涉及被害人自诉权罪名的范围极广,且分布于刑法与刑事诉讼法中。因本书所讨论的自我决定权仅限于刑法领域,而刑诉法所规定的其他类

① 车浩:《自我决定与刑法家长主义》,载《中国法学》2012 年第 1 期。

型(除刑法规定的"告诉才处理的犯罪")的"自诉案件",是自我决定权在程序法上的体现,因此刑诉法所规定的"自诉案件"不在本书讨论之列。

综上可知,从权利保护而言,现行法律对自我决定权保护大致形成三种保护类型,即宪法保护、民法保护与刑法保护,在不同的法律范畴里,自我决定权具体呈现出不同的细微样态。

第三节 专断性医疗行为的成立条件与阻却事由

一、成立条件:专断性医疗行为违反告知同意原则

从前述可知,专断性医疗行为与告知同意原则是一体两面的关系,二者可以说是同位一体的,简而言之,违反告知同意原则即为专断性医疗行为。告知同意原则实质上分为两个部分,即"告知——同意"。医生对于患者关于诊疗行为的告知是患者作出有效同意的前提和基础,因此,尽管告知同意原则的核心在于患者的同意,但患者作出同意必须是以医生的告知为依据的,没有医生的告知则没有患者的同意,也就是说医生告知与患者同意之间应具有因果关系。虽然专断性医疗行为的认定可以从"告知"与"同意"两方面着手,但"同意"的作出需要充分的"告知",从这个意义上来说,是否违反告知义务对专断性医疗行为的认定具有决定性意义。若医生充分履行了告知义务,而患者没有作出有效的同意,则不能认定为专断性医疗行为。

(一)不(充分)履行告知义务

医师告知义务的违反具体可以分为两种情况,即不履行告知义务和不充分履行告知义务。不履行告知义务意味着医师没有将诊疗行为的效果以及风险对患者进行任何告知,而患者在此种情形下作出"同意"。医师之所以没有履行应当履行的告知义务,主要是因为无意疏忽或者有意欺骗。前者是指医师由于过失怠于履行告知义务,若造成损害后果则可以成立相关过失犯罪;后者是指医师有意为之不履行告知义务,若造成损害则可以成立故意犯罪。笔者以近期社会公众和舆论较为关注的近视眼手术为例进行说明。[①]

2012年情人节,台湾媒体报道称,因患者术后视力明显下降,最早将激光近视手术引入台湾的台北医学大学眼科兼任教授蔡瑞芳宣布不再做此类手术,被媒体简称

---

① 相关报道的详细情况,请参见:王静怡、张馨苑:《激光近视手术:福音还是魔咒?——全球名医纷纷封刀,审批官员追悔莫及》,载《南方周末》2012年2月23日(第13版)。

为“封刀”。无独有偶,早在2010年,日本著名的LASIK手术医生——北里大学眼科学系主任清水公也教授宣布从此不再做LASIK手术。清水公也教授曾于1997年操刀了日本第一例LASIK手术。一石激起千层浪,作为在过去二十年间风靡全球,为将近三千万近视患者摘下眼镜的准分子激光屈光矫正手术(LASIK),一时成为热议话题。我国目前开展激光近视手术的医疗单位超过1000家,每年手术量超过100万。据统计,我国有将近四亿多近视患者,近视发病率达到33.33%。庞大的患者群体、巨大的利益诱导(激光近视手术大约15000到20000元不等)、号称“可以摘掉眼镜”、“美国飞行员接受的手术”等噱头吸引,使得近视手术成为患者、医院、市场三方“共赢”的局面——患者摘掉眼镜且没有任何不适,医院赚得盆满钵满,市场反应良好。然而,在巨大的利益和需要面前,潜在风险似乎可以忽略不计甚至被人为忽略。目前市场反应良好、患者热衷的准分子激光屈光矫正手术至少存在两个方面的隐患:一方面,手术设备存在问题。虽然我国在2002年推出了《准分子激光角膜屈光手术质量控制新标准》,但一直监管不严。目前我国大约有800多台激光近视手术设备,其中大约有200多台属于超期服役的“二手货”,这对于“刀尖上舞蹈”的激光近视手术而言无疑存在极大的隐患,容易造成损害患者眼睛的恶性事故。另一方面,激光近视手术(LASIK)虽然号称99%的成功率,但1%的失败率足以令该项技术黯然失色。事实上,LASIK手术的后遗症包括眩光、重影、干涩疼痛等,更不用说手术失败带来的视力下降了。

上述LASIK手术事例表明,对于有可能导致人体损害的医疗手术而言,医生向患者告知医疗行为风险尤为重要——哪怕该项手术被认为是较为安全的。在目前的LASIK手术治疗中,医方在风险告知方面存在两种类型的过错:其一,为了获得巨额利益,明知存在风险的医生刻意回避风险告知,即没有告知患者本应当知晓的手术风险。这在LASIK手术中较为常见。应当注意的是,LASIK手术作为上世纪90年代兴起的一项新技术,的确存在难以被预知的技术风险,但作为应用于临床的医疗技术,其固有的潜在危险已为医方所熟知。因此,对于无法预知风险,当然不存在告知问题,但对于潜在的固有风险,医方必须告知患者。其二,同样为获得较高的收益或者是为了舒缓患者的紧张情绪,医方没有完全告知LASIK手术风险。如上文所述,LASIK手术首先存在失败的风险——尽管这种风险较低。此外,还存在诸如眩光、重影、干涩疼痛等常见的后遗症。据清水公也教授的长期跟踪统计,22例患者在术后6到8年间出现视力下降,这让其决心“封刀”。曾于2003年6月9日在南京东南眼科医院接受LASIK手术的李冬冬患者回忆术前风险告知时,忙碌的医生只是告诉李冬冬,通过那台“鹰牌”准分子激光机将会给他“鹰一样的视力”,然而,等待他的却是持续至今的眩光、散光、干眼和视力回退。[1] 据《南方周末》关于我国首份针对激光近视手术不良反应的问卷调查，发出500多份，有效回收了54份，在这54份存在术后不良反应的患者调查中，仅有1例表述医生在术前告知了风险。事实上，LASIK手术的风险提示并不难看到，以爱尔眼科LASIK手术同意书为例，对于接受激光近视手术可能存在的诸多风险，这些同意书均描述备至，然而，这些本应详细阅读的同意书在实践中却成为一纸空文。医生的刻意回避、过度鼓吹手术的极度安全，患者自身粗心大意以及不具备阅读专业风险条款的能力，是造成患者不知晓LASIK手术风险最为重要的原因。综上所述，在以治疗近视为目的的激光手术中，医生不(充分)履行手术风险的告知义务从而获得患者盲目同意是最终造成眼睛损害的主要原因。

需要特别指出的是，医生不(充分)履行告知义务导致的损害，医方应当承担责任。不(充分)履行告知义务导致的损害与一般性的手术损害具有本质区别。凡手术皆有风险，只是大小不同而已。因此，在医生履行风险告知义务的情形下，由手术导致损害，医方并不承担相应责任。但在医方刻意隐瞒或者无意疏忽导致没有履行告知义务的情形下，由于医方自身存在过错，由此带来的损害医方应当承担相应的民事乃至刑事责任。上述近视手术导致的损害即属于此类。

(二) 欠缺患者(有效)承诺

患者承诺或者同意是医生对患者实施手术的前提条件，没有患者承诺即不能对患者实施手术。欠缺患者承诺主要体现为两种情形：一是患者没有承诺，二是虽然形式上存在患者承诺，但该承诺并不是患者的真实意思表示，即有瑕疵的承诺。对于没有患者承诺的医疗行为而言，该行为属于典型的专断性医疗行为，前文已作较为详细的论证，在此不再赘述。至于有瑕疵的承诺，又可以分为两种情形，即完全无效的承诺和部分有效的承诺。所谓无效的承诺是指虽然患者形式上已经作出承诺，但该承诺无效。本质上而言，无效承诺和无患者承诺可以等同。一般而言，患者承诺之所以无效主要原因在于医方存在过错。如上文所言，医方无意疏忽或者有意隐瞒和欺骗不履行告知义务，患者在此基础上作出的"承诺"即无效承诺。以上述激光近视手术为例，在该类手术中，患者都会签署各种类型的《手术同意书》，并将其视为患者知晓该类手术风险且同意对其实施手术的凭证。但是，由于医方在实施手术之前并未详细告知患者医疗风险，而患者由于并未对手术同意书进行详细阅读或者不具备阅读能力致使其并未充分知晓手术风险，故在此种情况下患者的"同意"并非患者"知晓风

---

① 彭利国：《"激光近视手术"安全神话下的阴影：寻找被遗忘的1%》，载《南方周末》2012年3月15日(第16版)。

险并同意手术”的真实意思表述,因此此种“同意”应属无效。由此带来的损害后果医方应当承担责任。

所谓部分有效承诺一般是患者的承诺部分有效且部分无效。对于有效的部分而言,若造成损害医方并无责任;对于无效的部分而言,若造成损害医方应当承担责任。之所以存在部分有效承诺这种说法是因为医方在不履行告知义务的情形中存在不履行和不充分履行两种情况,因此,患者同意也相对应的存在无效承诺和部分有效承诺的情形。在医方不履行告知义务的情形中,的确存在不履行和不充分履行告知义务的情形,所谓不充分履行告知义务是指医方本应当将手术存在的所有已知风险均告知患者,但由于某种原因医方只是将其中的部分风险告知患者。在不充分履行告知义务的情形下,患者是并未在知晓手术全部风险的情况下作出承诺,因而产生了上述“部分有效承诺”的说法。对于这种提法应当具体问题具体分析。

一般而言,对于某个具体的手术来说,医方应当将该手术的已知风险全部告知患者,因为在通常情况下,该手术可能发生的各个(各种)危险通常是紧密联系在一起的。以心脏搭桥手术为例,在现有的技术水平下,该手术的成功率可以达到97%~98%,但手术仍然存在重要脏器功能衰竭、急性心肌梗塞、心率失常等风险。这里的重要脏器功能衰竭、急性心肌梗塞等风险之间具有紧密联系,一般难以进行合理的区分。因此,在该类手术中,医生应当将上述风险如实告知患者,仅告知部分风险并由此导致损害,医方应当承担责任。在特定的情形下,也即各个可能产生的风险可以区分[①]的情况下,存在上述“部分有效、部分无效”承诺。具体可以分为以下几种情形。

第一种类型是“避重就轻型”。在医方应当告知的各类风险中,在存在较大风险与较小风险区分可能的情况下,医方仅告知病患较小风险却刻意隐瞒较大风险,以获取患者“同意”。该种情形应当认定为专断性医疗行为,由此导致的损害医方应当承担责任。对于一个医疗行为(手术)而言,该行为可能产生的主要(重要)风险是医生必须告知患者的,患者据此作出是否同意实施该手术的决定。医生没有告知手术最为重要的风险应当视为没有履行告知义务,患者据此所作出的承诺属于无效承诺,故而该行为属于专断性医疗行为。

第二种类型是“避轻就重型”。若医疗行为存在若干较大和较小的危险,医生告

---

① 需要特别说明的是,本书所称的“可以区分的风险”即将风险划分为“较大的风险”与“较小的风险”。这里所说的“较大”或者“较小”是就损害后果而言的,即若危险变为实害,损害较大的即“较大的风险”,损害较小的即“较小的风险”。因此,本书所说的“较大”与“较小”风险不是从风险发生的可能性大小进行划分的。当然,在现实生活中,损害大小区分并不容易,笔者是在一般比较意义上来划分“较大”与“较小”。例如,生命丧失要比健康损害大、重伤比轻伤损害大、人身损害比财产损失损害大等等。

知患者较大的危险而没有告知较小的危险，经患者承诺后实施的医疗行为则不宜认定为专断性医疗行为，即患者对主要（重要）风险的承诺视为对全部风险（包括次要风险）的承诺，且承诺真实有效。从严格意义上来讲，医生应当将医疗行为的全部风险告知患者，以便于其作出是否同意实施医疗行为的决定。但若医生已经告知该医疗行为的主要（重要）风险，并且该主要（重要）风险对于患者是否承诺具有决定性意义的话，医生告知医疗行为的主要（重要）风险应当视为已经完全履行告知义务，患者据此所作出的承诺真实有效。笔者认为，医方告知主要风险视同完全履行告知义务的判断标准有二：一是医方所没有告知的次要（较小）风险不会影响患者作出承诺决定；二是未告知的次要风险即便转化成实害，对患者不具有严重影响。例如，在医疗美容当中的激光脱毛手术中，有可能出现局部红肿、色素脱失、疤痕、色素沉着、皮肤热损伤、皮脂腺缺失性湿疹、埋没毛、内出血、毛囊炎等并发症。依照本书对“较大”与“较小”风险的划分，其中局部红肿应属于“较小风险”，即该症状出现的可能性一般不会改变患者进行激光脱毛手术的决定，并且该症状如若在术后出现，对患者而言是可以接受的。因此，即便医生未在激光脱毛手术前将可能会出现局部红肿症状告知患者，但对其他诸如色素脱失等并发症如实相告，应视为医生已经履行风险告知义务，患者承诺为真实有效。

第三种类型是“孰重孰轻难以区分型”。此种情形是指医疗行为存在诸多风险，并且这些风险相互可以区分，但不能以“较大”与“较小”为标准进行划分。简言之，风险大小基本等同，无法作出“大小”区分。在上述激光近视手术的案件中，患者术后视力严重下降应属于“较大风险”，“重影、眩光”等应属于“中等”风险，“干涩、流泪”等症状可归属于“较小”风险。但在激光脱毛手术中，除去“局部红肿”可明确归属于“较小风险”之中外，“色素脱失、疤痕、色素沉着、皮肤热损伤、皮脂腺缺失性湿疹、内出血、毛囊炎”等并发症则无法区分风险大小，即上述症状的损害后果大约是基本相同的。在此种类型的医疗行为中，各种风险大小具有基本等同性，对患者是否作出承诺都具有实质性的意义，因此，医方应当将此类型风险全部告知患者，以使其据此作出相应决定（承诺或者拒绝）。倘若医生仅告知其中部分风险而未告知其他同类型风险，应视为医方未完全履行告知义务，即“部分告知”。患者对于已经告知的部分可以作出承诺，该承诺真实有效。对于未告知的部分而言，不能视为患者作出承诺。这种情况应属于典型意义上的“未完全履行告知义务”——“部分有效、部分无效”的“告知——同意”类型。

有疑问的是，对于激光脱毛手术这一具体的医疗行为而言，患者要么同意实施该手术，要么拒绝实施该手术，又何来“部分同意、部分拒绝”呢?！也即，尽管告知义务的履行可以分为未履行、全部履行以及部分履行，但承诺只存在有无之分，却无程度之别！患者承诺本质上是对医疗行为风险知晓并同意实施医疗行为的意思表示。承诺的核心在于患者同意对其实施诊疗行为，正是在这个意义上，“承诺”与“同意”具有等同意义。因此，笔者认为，所谓“部分同意、部分拒绝”的承诺所产生了“部分有效、部分无效”的同意本质上属于伪命题，是一种并不存在的理论假设，“部分有效、部分无效”的同意实质上就是无效承诺，并不具有承诺的效力。一方面，对于危险大小等同的若干风险而言，如上述激光脱毛手术并发症，这些风险由于并不存在孰轻孰重的问题，因此每个可能发生的危险都对患者是否同意手术具有实质性的影响。换言之，当医方未告知其中部分风险时，可以实质性地影响患者是否作出同意决定。既然医方未将影响患者作出同意决定的风险全部告知，则可以认定医方未充分履行告知义务。另一方面，就医疗行为而言，手术与风险的基本模式为“一个手术——风险若干”，也即一个医疗行为可能产生若干危险。患者对危险的了解可能存在部分与全部之分，但对于手术本身而言，只存在同意与否，不可能存在部分同意、部分不同意。也即，患者要么同意手术，要么不同意手术，不存在中间形态。“部分同意”的说法只是理论上的假设和幻象，在实践中根本无法存在。一言蔽之，承诺或者同意并非针对医疗行为的风险，而是针对医疗行为本身而言的。医生全部告知或者部分告知医疗行为的风险是判断医生是否履行告知义务的根据，而这仅是患者作出承诺的前提，而不是承诺或者同意指涉的对象。以存在“部分告知”来推出存在“部分同意”的逻辑显然混淆了指涉对象，“射偏了靶子”。归根结底，患者同意在知晓手术风险的情况下，针对是否对其实施医疗行为而言的，并非“同意手术风险”，而是“同意手术”。

综上所述，患者承诺仅可以分为有效承诺和无效承诺，而不可能存在“部分有效、部分无效”承诺。在医生未将影响患者作出决定的风险全部告知患者的情形下，由于未告知的风险对于患者是否同意具有实质性影响，故在该种情形所作出的承诺属于无效承诺，并非患者的真实意思表示，上述“避重就轻型”和“风险轻重等同型”皆属于此种类型。在司法实践中，虽然存在医方部分告知医疗行为风险的情形，由于患者的承诺并非针对风险，而是针对医疗行为，所以不存在“部分同意”。总之，对于承诺而言，只存在有效承诺和无效承诺，并不存在其他中间情形。有效承诺意味着患者已经知晓了医疗行为可能产生的风险并同意对其实施该医疗行为；无效承诺意味着患者虽形式上作出承诺，但该承诺无效，若对其实施医疗行为即专断性医疗行为，医方应当承担相应的法律责任。

（三）告知与同意之间存在因果关系

所谓因果关系即引起与被引起的关系，引起者被称为原因，被引起者被称为结果。应当注意的是，因果关系所研究的内容并非原因，更非结果，而是原因与结果之间的引起与被引起的关系。因果关系最为重要的特性为客观性，即原因与结果之间的此种引起与被引起的关系是客观存在而非主观臆想的。“知情同意”(告知同意)原则的基本法理告诉我们,医生告知是患者同意的前提和基础,也就是说,患者同意的原因在于医生的告知,没有告知则没有同意。从理论上而言,告知与同意的关系大致可以分为三种类型:一是医生告知——患者同意。这是符合“知情同意”原则的标准模式,患者之所以会作出承诺,原因在于“知情”,即医生告知。两者之间存在引起与被引起的关系,属于“有因有果”。二是医生没有告知——患者同意。这种情况属于典型的违反“知情同意”原则类型,在该种情形下实施的医疗行为即属于本书所说的专断性医疗行为。尽管存在所谓的患者同意,但此种同意不是患者的真实意思表示,因而无效。从因果关系的角度而言,此种类型属于“无因有果”。三是医生告知——患者没有同意。这属于“有因无果”。在医生充分履行告知义务的情形下,患者没有作出同意,应视为患者拒绝对其实施医疗行为,不能对其实施诊疗行为。若违背患者意愿对其实施医疗行为,除有正当性根据外,皆属于专断性医疗行为。由此可见,后两种情形可以构成专断性医疗行为。据此,由知情与同意之间的因果关系基本原理可以导出成立专断性医疗行为中告知与同意的关系模型。要成立专断性医疗行为,需存在医生不履行告知义务并欠缺患者承诺(同意),即不履行告知义务与欠缺同意之间具有因果关系,可以表示为:不(充分)履行告知义务→欠缺患者(有效)承诺→专断性医疗行为。

综上所述,对于告知义务与专断性医疗行为而言,严格来说,两者之间并无直接关系,两者之间需存在“患者同意”这一连接桥梁,即应当用上文所述的“不(充分)履行告知义务→欠缺患者(有效)承诺→专断性医疗行为”来表述两者关系。医生违反告知义务,并不必然产生专断性医疗行为,只有具备如下条件时,才能认定为专断性医疗行为。首先,医生违反的告知义务应为影响患者作出同意决定的具有实质性影响的义务,违反一般性、不影响患者决定的告知义务不会构成专断性医疗行为。其次,医生对告知义务的违反应导致患者没有作出承诺或者作出无效承诺,即告知义务的违反与欠缺患者承诺之间具有因果关系。最后,需要医生对患者实施了诊疗行为,顾名思义,专断性医疗行为首先应当是医疗行为,无医疗行为则无专断性医疗行为。

二、阻却事由:紧急情况与强制医疗下的专断性医疗行为

(一)紧急情况

一般情形下,医生需取得病患同意方能实施诊疗行为,否则成立侵犯患者自我决定权的专断性医疗行为,承担相应责任。但在许多急诊案例中,医生无法取得病患同意,但为了病患的健康仍需实施相应的治疗行为,此类行为虽形式上符合专断性医疗行为的要件,但因属于紧急情况,具有正当性。根据我国《医疗事故处理条例》第33

条第 1 款的规定,“在紧急情况下为抢救垂危患者生命,采取紧急医学措施造成不良后果的,不属于医疗事故”。这里所说的“紧急情况”主要是指患者及其家属或者关系人无法同意或者签字,但患者又需急救的情况。例如,在交通事故中,患者深受重伤并且昏迷不醒,根据治疗规则,此时患者应当立刻截肢,否则将危及患者生命。然而在当时的情形下,医生无法取得患者以及亲属的同意,但仍然对其实施截肢手术行为。此种行为即紧急情况的“专断性医疗行为”。在我国,此类行为也被称为紧急避险。我国刑法第 21 条规定:为了使国家、公共利益、本人或者他人的人身、财产和其他权利免受正在发生的危险,不得已采取的紧急避险行为,造成损害的,不负刑事责任。

紧急避险行为的正当性根据在于“法益优越”原则,即在特定的情形之下,为了挽救更高位阶的利益,而牺牲位阶较低的利益是合情理的,因而不具有违法性。紧急避险的成立首先要求存在“危险”,内生的疾病对于患者而言可以视为“正在发生的危险”。需要注意的是,“正在发生的危险”并不意味危险将即刻发生,如若“危险”持续下去必将发生并造成损害的,也属于“正在发生的危险”。例如,医生在怀孕初期即发现肿瘤,如若任其生长,待胎儿出生时,必将危及孕妇的生命,此时医生可以对孕妇实施堕胎手术。尽管胎儿出生仍有数月之久,但堕胎行为仍然属于紧急避险。

值得探究的是:当病患明确拒绝诊疗行为时,医生是否可以基于紧急避险对其实施治疗行为?笔者认为,即便患者明确拒绝,医生为救助患者而侵犯患者自我决定权的行为符合紧急避险的要件,具有正当性。根据我国现行法律规定,紧急避险无需征得被害者的同意,只要客观上符合“两害相权取其轻”的基本原则即可。简而言之,患者同意或者拒绝不是紧急避险的成立要件,只要客观上挽救了更为重要的法益,那么对患者的自我决定权侵害就具有正当性。

(二)强制医疗

所谓强制医疗是指未征得患者以及家属同意而对其实施的治疗行为。根据我国现行法律的相关规定,强制医疗可以分为行政法上的强制治疗和刑事上的强制医疗。

1. 行政法上的强制治疗

随着经济以及科技的发展,人类不但发现了许多新的传染性疾病,也在防治此类型疾病方面积累了许多有益的经验。进入新世纪以来,我国经历了两次较大规模的传染性疾病防治和应对工作,即 2003 年传染性非典型肺炎(SRAS)和 2013 年的人感染高致病性禽流感(H7N9)。在防治此类型疾病的手段中,有一项非常重要的措施是将感染者隔离治疗,以防止更大规模的感染并引起不必要的恐慌。在具体的防治过程中,绝大多数感染者、病原携带者以及疑似病人自愿配合相关医疗机构的诊疗,取得了较好的防治效果。但是,也存在极少部分病人或者疑似感染者拒绝隔离治疗的，根据《中华人民共和国传染病防治法》第39条第二款的规定："……拒绝隔离治疗或者隔离治疗期未满擅自脱离隔离治疗的，可以由公安机关协助医疗机构采取强制隔离治疗措施。"此即为行政意义上的强制治疗。行政法意义的强制治疗具有以下几个特征：第一，对象为患有甲类传染病的病人、病原携带者以及疑似病人。根据我国《传染病防治法》的规定，我国甲类传染病主要指两种，即霍乱和鼠疫。在司法实践中，隔离治疗同样适用于传染性极强的异类传染性疾病，比如非典型肺炎和人感染高致病性禽流感。第二，适用条件是患上述病症的对象"拒绝隔离治疗或者隔离治疗期未满擅自脱离隔离治疗"。显然，病患拒绝隔离治疗或者隔离治疗期未满脱离隔离治疗的，不但可能影响自身疾病的治疗效果，更可能将自身携带疾病传染给他人，造成更大的损害。因此，隔离治疗的根本目的在于患者以及他人的健康，而强制隔离治疗亦是旨在维护患者以及他人的健康。第三，强制隔离治疗措施由公安机关协助医疗机构实施，即强制隔离治疗的主体机构是医疗机构，协助机构是公安机关。严格来说，医疗机构并没有限制或者剥夺他人人身自由的权力和能力，因此我国《传染病防治法》规定公安机关进行协助，属于行政法授权公安机关对他人人身自由的限制。

综上所述，我国《传染病防治法》所规定的强制隔离治疗措施本质上属于行政法意义上的人身强制措施和医疗措施，在限制人身自由的同时对病患予以医学治疗。该种行为尽管在表征上符合专断性医疗行为的特征，但此种行为是基于法律授权而实施，因而不具有违法性。

2. 刑事上的强制医疗

自新的《中华人民共和国刑事诉讼法》颁布以来，作为一种新设特别程序的"依法不负刑事责任的精神病人的强制医疗程序"成为理论研究的热点问题。根据新《刑事诉讼法》第284条之规定：实施暴力行为，危害公共安全或者严重危害公民人身安全，经法定程序鉴定依法不负刑事责任的精神病人，有继续危害社会可能的，可以予以强制医疗。"依据上述规定，适用强制医疗程序需同时具备以下三个条件：(1)主体条件：犯罪嫌疑人、被告人是经法定程序鉴定依法不负刑事责任的精神病人。(2)行为条件：犯罪嫌疑人、被告人实施暴力行为，危害公共安全或者严重危害公民人身安全。(3)危害性条件：犯罪嫌疑人、被告人有继续危害社会的可能性。[①] 在新刑诉法颁布之后，各地均出现强制医疗案件的判决[②]，针对精神病人的强制医疗程序讨论更趋热

① 陈卫东、柴煜峰：《精神障碍者强制医疗的性质界定及程序解构》，载《安徽大学学报（哲学社会科学版）》2013年第1期。

② 参见：《我省办理首件强制医疗申请案》，载《陕西日报》2013年6月3日（第13版）；《黄石铁山区法院审结我省首例强制医疗案》，载《湖北日报》2013年6月2日（第3版）。

烈。在刑事强制医疗中,对象为不负刑事责任的精神病人,故对于该类对象而言不存在是否同意的问题。并且,根据新刑诉法第285条的规定,对精神病人的强制医疗决定权在于人民法院。因此,刑事强制医疗无需经过精神病人以及家属同意。

综上可知,严格来说,刑事意义上的强制医疗不属于"治疗措施",而是一种司法矫正措施,"兼具保卫社会和治疗精神病人的双重目的"①。首先,强制医疗与一般性医疗不同在于"强制"性。强制性意味着不以对象是否同意作为医治的标准。之所以强调治疗的强制性原因有二:一方面是对象是精神病患者,无法取得其同意;另一方面,也是更为重要的一方面在于,对象实施了本应承担刑事责任的"犯罪"行为,只是因为其罹患精神病而不承担刑事责任而已。换言之,该行为人实施的行为尽管不成立犯罪,但客观上是违法行为,是应当受到法秩序否定的行为,并应当承担相应的责任。因此,"强制"一词的着力点其实在于"惩罚性",即即便是精神病人,也应为自己的行为承担相应的责任。由法院经过法定程序而非其他机关决定强制医疗更凸显出国家和社会对该类行为的否定评价。依笔者浅见,强制医疗由法院决定、由特定机关对其实施治疗本质上反映了强制医疗程序的惩罚性,是对具有暴力危险性的精神病人的人身自由的限制和剥夺,以防卫社会。其次,强制医疗强调"医疗"或者"治疗性"。治疗是针对精神病患者个人,旨在恢复患者健康,消除人身危险性,以促使其复归社会。因此,"医疗"的目的在于保护个人。由此可知,强制医疗措施具有双重目的,即防卫社会和保护个人,这与一般的医疗措施乃至医学上的专断性医疗行为性质截然不同。在笔者看来,强制医疗措施形式上是对精神病人的人身强制和医学治疗,实质目的在于消除其人身危险性,防卫社会并促使其尽快复归社会。强制医疗措施属于刑诉法专门规定的特别司法程序,与行政强制措施和一般意义上的医学治疗措施截然不同,兼具申请、裁定、执行等程序法的意义,是一项新创制度。

综上所述,刑事法意义上的强制医疗措施不属于专断性医疗行为,与专断性医疗行为相关的强制行为主要是指"行政上的强制治疗",它属于行政法意义上的人身强制措施,因而具有正当性,不承担限制和剥夺人身自由、侵犯自我决定权的法律责任。

---

① 秦宗文:《刑事强制医疗程序研究》,载《华东政法大学学报》2012年第5期。

第三章 专断性医疗行为构成要件该当性：医师告知义务的体系定位与展开

第一节 义务在犯罪论体系上的定位

一、义务体系定位的基本争议

关于义务在犯罪论体系上定位的争议，主要是在德日三阶层犯罪论体系上展开——主要是将其视为构成要件内容还是属于违法性内容的争议。一般而言，只有不作为犯才涉及作为义务的问题，也才涉及义务在犯罪论体系上的定位问题，因此，这里所说的“义务”，实际上讲的是“作为义务”。在我国，对于不作为犯，一般将其分为真正不作为犯和不真正不作为犯，前者是指刑法明文将不作为规定为构成要件要素的犯罪，例如刑法第261条规定的遗弃罪；后者是指刑法没有明文将不作为规定为构成要件要素，但行为人却以不作为的形式实施了通常由作为实施的构成要件，例如以不作为方式故意杀人。由此可见，对于真正不作为犯而言，其作为义务是法律明文规定的；对于不真正不作为犯而言，其作为义务没有法律明文规定。从这个意义上来说，认定真正不作为犯并不存在特别的困难，而认定不真正不作为犯由于欠缺法律明文规定而存在障碍。本书并不打算深入探讨不真正不作为犯的认定问题，但需要指出的是，不论是真正不作为犯还是不真正不作为犯，作为义务对于不作为犯的成立具有决定性意义——只要认定行为人具有作为义务，即为认定不作为犯成立提供了前提性条件。既然作为义务对于不作为犯的成立具有决定性影响，那么厘清(作为)义务在犯罪论体系上的定位则显得十分重要。从根本上来说，义务在犯罪论的定位直接影响犯罪故意的认定。例如，父亲看见自己的孩子掉进河里，但其误认为自己没有救助义务而不予救助，结果导致孩子溺亡。在本案中，倘若将义务定位于构成要件要素，则属于构成要件错误，阻却故意的成立；倘若将义务定位于违法性领域，则本案属于违法性认识错误，不阻却故意的成立。简而言之，对于义务的不同定位在认识错误的情形下致使故意的认定不同。笔者认为，“作为义务”实质上是一种要求行为人必须实施某种行为的命令,身负“作为义务”命令使得行为人不同于一般人而具备了“特定身份”,这时的“身份”就是“作为义务”,不履行作为义务就会使得负有作为义务之人成立不作为犯,由此可知,不作为犯也就是身份犯。既然“义务”可以等同于“身份”,那么对(作为)义务的认识错误也可以直接等同于对身份的认识错误。在三阶层体系之中,行为人身份属于无可争议的构成要件要素,对于身份的认识错误阻却故意的成立。所以,对义务的认识错误也就是对构成要件要素的认识错误,当然阻却故意的成立。

二、告知义务是构成要件要素

专断性医疗行为成立犯罪的核心要件有二:一是医生身份,一是告知义务。也就是说,只有当医生不履行告知义务实施诊疗行为时,才可能成立犯罪。从这一点而言,专断性医疗行为犯罪属于不作为犯,并且是不真正不作为犯。与真正不作为犯有所不同的是,专断性医疗行为所代表的不真正不作为犯需要具备两个要素,即身份(医生身份)和作为义务(告知义务)。根据德国刑法第 13 条第 1 款规定:“行为人不防止属于刑法的构成要件结果,只有当他在法律上必须保证该结果不发生,并且当该不作为与通过作为实现法律的构成要件该当时,根据本法是可罚的。”这种具有防止结果发生的特别义务之人称为“保证人”。“保证人地位即成为决定不作为就一定构成要件结果之发生,与作为具有相同作用力之等价要素,而为不纯正不作为犯与作为犯同具可罚性之前提要件。此所以‘保证人地位’与不纯正不作为犯同义。”[①]在专断性医疗行为中,医生可谓保证人,告知义务则为作为义务,那么保证人地位与作为义务是何种关系?一体说认为,对于保证人地位与作为义务,应当在社会观念上作一体化理解,因为两者区分是困难的。分离说认为,应当将保证人地位与作为义务分离地考虑,前者属于构成要件内容,后者属于违法性内容。[②] 一体说与分离说的核心区别在于,对于保证人地位与作为义务认识错误产生不同影响。一体说认为保证人地位与作为义务不可分并属于构成要件要素,故对其认识错误阻却故意的成立;而分离说则认为,对作为义务的认识错误属于违法性错误,不阻却故意,对保证人地位的认识错误属于构成要件错误,阻却故意的成立。本书认为,一体说较为合理。保证人地位是作为义务的产生根据,只有具有保证人地位或者身份的人才有作为义务,两者是密不可分且同位一体,不存在不具有保证人地位却具有作为义务的情形,区分两者不但相当困难且毫无必要。因此,保证人地位和作为义务均属于构成要件要素。由此可

---

① 许玉秀:《主观与客观之间——主观理论与客观归责》,法律出版社 2008 年版,第 252 页。
② 张明楷:《刑法学》(第四版),法律出版社 2011 年版,第 153 页。

知,对于专断性医疗行为而言,医生身份(保证人地位)与告知义务(作为义务)均属于构成要件要素。

第二节 医师告知义务的具体涵摄

一、告知主体

告知主体所探讨的是由谁告知的问题。根据告知同意原则的一般原理可知,医生负有告知义务。在我国相关法律法规之中,医生作为告知主体被予以明确规定。例如,我国《执业医师法》第26条规定:"医师应当如实向患者或者其家属介绍病情,但应注意避免对患者产生不利后果。"此外,《医疗事故处理条例》第11条规定:"在医疗过程中,医疗机构及其医务人员应当将患者的病情、医疗措施、医疗风险等如实告知患者,及时解答其咨询;但是,应当避免对患者产生不利后果。"在具体的诊疗行为中,"医师"一词涵括的范围较广,具有不确定性,由此产生具体应当由谁来向患者进行告知成为问题。例如,在医院里,院领导、行政人员、医师、护士等一般统称为"医师"。到底应当由谁来履行告知义务?"医生"一词虽属概称,但从专业角度而言具有明确的指向。根据业务性质和职称的不同,"医师"大致可以分为四类:(1)医疗防疫人员:主要从事诊疗和卫生防疫工作,包括住院医师(助教)、主治医师(讲师)、副主任医师(副教授)、主任医师(教授)。(2)药剂人员:包括主任药师、副主任药师、主管药师、药师、药剂士、药剂员。(3)护理人员:包括主任护师、副主任护师、主管护师、护师、护士、护理员。(4)其他技术人员(包括检验、理疗、病理、口腔、同位素、放射、营养等):包括主任技师、副主任技师、主管技师、技师、技士、见习员。由于医疗专业划分的精细以及具体医师岗位职责要求的不同,不可能苛求某位医师通晓所有的医学知识并对患者详细告知,因此,在具体的诊疗活动中,应采用"分工合作、各司其职"的原则对患者进行告知。简单来说,某项诊疗活动由谁负责诊治即由谁负责告知。若某项诊疗活动是由不同类别的诊疗科室合作完成的,故在不同的科室就诊时,应当由该科室接诊人员负责对患者进行告知。例如,心血管疾病(如高血压)一般在心血管内科就诊。负责接诊的医师应当根据病人的情况对病情进行基本的判断,将病情告知患者,在开出处方药物之后应当对该药物的疗效、注意事项、副作用等对患者进行告知。但是,在心血管疾病常见的诊疗过程中,需要对血管进行造影或者某部位进行核磁共振,以更为精确地了解病情从而对症下药。诸如造影和核磁共振等诊疗的辅助技术和手段并不由神经内科来实施,而是由放射科来完成。因此,对于造影和核磁共振的注意事项与风险告知并不由神经内科的接诊医师负责,而应当由当时从事放射检查的技师负责说明。例如,在进行核磁共振之前,技师应当告知患者不能携带金属物品,否则将可能导致危险。由此可以看出,即便针对某种常见普通疾病,负责说明告知义务的医师可能涉及多个不同类别的专业医师,各个不同医师之间告知内容并不相同。所以,由于某个疾病的诊治涉及不同专业的不同医师,在各自的不同领域中,接诊医师负有告知义务,这便是"分工合作、各负其责"原则的贯彻。

比较复杂的是团队医疗的告知义务的履行。所谓团队医疗,是指随着医疗水平的高度发展和复杂化,各种不同专业的医师共同协力诊治患者的情况,如医师、护师、药剂师、各种技师共同参与同一手术。在外科手术中,涉及手术的参与人员包括医师、麻醉师、护师等,重大复杂手术涉及的不同专业医护人员则更多。在进行该类型手术之前,谁对患者负有告知义务?笔者认为,在团队医疗中,告知义务的履行应当从如下几个方面展开:

第一,分工负责、各负其责原则。这一原则本为非团队医疗中医师告知义务的基本原则,但在团队医疗中同样适用。团队医疗中的组成人员,原本就是各个不同专业的医护人员,有着各自不同的岗位和职责,即便在团队医疗中,他们从事的仍然是与原岗位和专业相对应的诊疗活动,不会也不能超越既有的职责和范围,所以团队医疗中的各个组成人员应当对自己负责的领域负有说明义务。

第二,既然是团队医疗,团队首长对该次医疗行为负有主要说明义务,且该种义务不能由其他参与的医务人员代替。以普通外科手术为例,虽然某次外科手术涉及到不同专业的医务人员多人,但对该次手术负主要责任和起主要作用的是主刀医师,其他诸如麻醉师、护师等为辅助人员,应对手术主刀医师负责。虽然在医疗现场,经常发生由医护人员(如护师或者医师的助理)向病患说明治疗的方式、内容等情况,实质上此等人员仅可以对说明内容提供辅佐,并不能取医师而成为说明义务的主体。[①] 因此,在该次手术中,负责主刀的医师应当向患者履行告知义务。虽然其他医务人员也参与到该项手术之中,但其他参与人员并不负有主要告知义务,也不能代替主刀医师向患者履行告知义务,即便护师、技师向患者告知手术相关事项,也不能免除主刀医师(团队首长)的告知义务。当然,手术中麻醉师、护师等也应当履行各自的告知义务,并不因主刀医师的告知行为而免除。这是因为,尽管主刀医师对整个手术的术前准备、术中风险和术后康复应当向患者履行告知义务,但并非所有告知义务均由主刀医师履行,这既不现实也不可能。医疗专业的精细化分工致使各专业之间的壁垒明

① 杨秀仪:《"美国告知后同意"法则之考察分析》,载《月旦法学杂志》第 121 期(2005 年 6 月)。

显,“全才式”的医师在高度发达的现代医学领域基本不可能存在。主刀医师可能不知道麻醉师或者其他技师应当向患者告知的事项,即便其知道,也不应当由其告知,这是由医学分工与岗位职责要求所决定的。综上所知,在团队医疗中,该次医疗行为的主要事项由团队负责人告知,涉及该医疗行为的其他辅助性医疗措施的告知义务则由实施该类行为的技师、护师进行告知。

第三,团队医疗与个人医疗在参与人数、所涉医疗领域存在明显的区别。个人医疗主要由接诊医生个人完成,所涉医学领域较为单一,而团队医疗则参与人数较多,往往涉及多个医学领域,情况较为复杂。由于病症复杂以及跨越多个医学领域,各个参与人员的告知事项可能重叠、交叉,甚至可能存在应当告知却无人告知的情况。在此种情形之下,辅助人员仅就自己负责的事项对患者负有告知义务,而团队负责人(首长)应当对医疗行为整体情况进行告知,即对于遗漏事项、应当告知但无人告知事项总体负责。更为重要的是,团队医疗行为可能横跨多个专业,对于交叉领域的事项超越了各个参与人员的专业范围,不能要求“术业有专攻”普通参与人员告知,只能由总体负责的团队负责人进行告知,这是由团队负责人在团队医疗地位和作用所决定的。简而言之,在团队医疗中,辅助人员只负责告知本专业范围之内事项,除此之外团队医疗的所有事项,均由团队负责人向患者履行告知义务。

值得一提的是,根据我国《医疗事故处理条例》第 11 条规定,即“在医疗过程中,医疗机构及其医务人员应当将患者的病情、医疗措施、医疗风险等如实告知患者,及时解答其咨询;但是,应当避免对患者产生不利后果”,似乎可以得出医疗机构属于告知主体,并据此认为凡院方代表均可以对患者履行告知,笔者对此不以为然。如前所述,医院由多种人员组成,包括行政人员和从事诊疗活动的医务人员。从法律意义上来说,行政人员如医院院长等可以代表医院处理日常事务,但对于诊疗行为而言,只能由具有专业知识的医务人员来实施(当然,院长也可能是具有专业知识的医师)。因此,关涉患者健康的医疗行为的告知义务,只能由负责诊疗的专业医师来履行,不能由其他不具备专业技能的医院其他人员进行告知,此为当然之理。韩国大法院的判决就认为:“原则上讲,说明义务的主体应当为直接施治的医师。除了在特殊情况下,可以由其他非直接施治医师代行之。”[①]既然如此,那么应当如何理解《医疗事故处理条例》中关于“医疗机构”应当告知的规定呢?笔者认为,该条的立法旨意在于强调和规范医疗机构的告知义务的履行,即医疗机构应当监督和落实医院所属医师的告知义务,对于未履行告知义务者,不仅医师应当承担责任,医疗机构也应承担相应

---

① 韩国大法院 1999.9.3,99da10479 判决。转引自金玄卿:《韩国的医师说明义务与患者知情同意权》,载《法学家》2011 年第 3 期。

责任。从这个意义上来说,告知义务的履行虽在医师,但违反该义务责任的承担既包括医师,还包括该医师所属的医疗机构。

综上所述,告知义务的主体是医师,虽然在个人医疗和团队医疗中告知义务履行主体存在细微差别,但并不影响总体上医师作为告知义务主体认定。医疗机构不是告知义务的主体。

二、告知对象

告知对象要解决的是向谁告知的问题。笼统地说,告知的对象自然是患者,但根据法律法规具体表述的不同,我国相关法律将如下主体确定为告知对象:(1)《中华人民共和国执业医师法》第 26 条的规定:"……医师应当如实向患者或者其家属介绍病情。"(2)《医疗机构管理条例》第 33 条规定:"医疗机构施行手术、特殊检查或者特殊治疗时,必须征得患者同意,并应当取得其家属或者关系人同意并签字;无法取得患者意见时,应当取得家属或者关系人同意并签字;无法取得患者意见又无家属或者关系人在场,或者遇到其他特殊情况时,经治医师应当提出医疗处置方案,在取得医疗机构负责人或者被授权负责人员的批准后实施。"(3)《医疗事故处理条例》第 11 条规定:"……医疗机构及其医务人员应当将患者的病情、医疗措施、医疗风险等如实告知患者,及时解答其咨询……"(4)《病历书写基本规范》(试行)第 10 条规定:"对按照有关规定需取得患者书面同意方可进行的医疗活动(如特殊检查、特殊治疗、手术、实验性临床医疗等),应当由患者本人签署同意书。患者不具备完全民事行为能力时,应当由其法定代理人签字;患者因病无法签字时,应当由其近亲属签字,没有近亲属的,由其关系人签字;为抢救患者,在法定代理人或近亲属、关系人无法及时签字的情况下,可由医疗机构负责人或者被授权的负责人签字。因实施保护性医疗措施不宜向患者说明情况的,应当将有关情况通知患者近亲属,由患者近亲属签署同意书,并及时记录。患者无近亲属的或者患者近亲属无法签署同意书的,由患者的法定代理人或者关系人签署同意书。"

根据上述规定,可以将告知对象确定为以下几类:

第一类是患者本人。这应当是医方需要直接告知的对象。因为患者是医疗行为的直接受益者和损害承受者,在患者能够理解医疗行为的意义以及风险的情况下,理应由患者自我决定是否实施以及实施何种医疗行为,这是患者自我决定权的体现。所以,在一般情形下,医方应当向患者履行告知义务,可以说,患者是接受告知义务履行的第一顺序人。

第二类是患者家属或者近亲属。这一类是与患者具有家庭生活关系或者血缘关系的人。"家属"与"近亲属"是两个既有联系又有区别的概念,"家属"概念可以涵括

“近亲属”范畴。严格来说，“家属”一词并不属于法律概念，可以泛指所有具有姻亲和血缘关系的人。“近亲属”属于法律概念，根据我国《刑事诉讼法》的规定，近亲属仅指配偶、父母、同胞兄弟姐妹，但《民法通则》以及相关司法解释将“近亲属”范围界定为：配偶、父母、兄弟姐妹、祖父母、外祖父母、孙子女、外孙子女。显然，民法以及相关司法解释所规定的范围较刑诉法更为宽泛。此外，我国《行政诉讼法》以及相关司法解释将“近亲属”范围设定得更为广泛，包括配偶、父母、兄弟姐妹、祖父母、外祖父母、孙子女、外孙子女和其他具有扶养和赡养关系的亲属。至于我国医事法中所出现的“亲属”一词，依笔者有限的查证，没有找到法律以及司法解释对之进行准确界定。

综合以上分析，依笔者浅见，我国医事法所说的“家属和近亲属”应当可以认定为“亲属”，即因婚姻或者血缘而产生的社会关系。它既涵盖了法律上所规定的“近亲属”，也包含了其他具有这一社会关系的人。首先，从词义上理解，“家属和近亲属”既包括近亲属，也包含其他家属，而亲属的范围可以泛指一切具有血缘和婚姻关系的人。其次，从我国法律规定的“近亲属”概念可以看出，不同的部门法对于同一概念的界定存在差异，这固然与我国法律规定的不协调、不一致相关，恐怕也与该部门法的本质属性相关。例如，刑诉法所规定的近亲属概念，主要与审判回避、代替犯罪嫌疑人委托辩护人等事项有关，理应从严限制。而民法规定的近亲属主要与继承、抚养、赡养相关，应作较宽泛的解释。对于医事法领域中的告知对象而言，在患者本人无法领受告知的情况下，由其亲属代为接受告知符合患者本人的利益。顺带指出的是，“亲属”一词涵盖的范围甚广，在通常情况下，医方应当先告知患者近亲属，其次才是一般亲属。亲属关系的远近对患者利益的处分具有重要影响。

第三类是“法定代理人和关系人”。首先来看法定代理人。我国民法通则第 14 条规定，无民事行为能力、限制民事行为能力的监护人是他的法定代理人。而《刑事诉讼法》第 106 条规定，“法定代理人”是指被代理人的父母、养父母、监护人和负有保护责任的机关、团体代表。法定代理人与被代理人之间往往存在特定的血缘或者亲缘关系，常常表现为以下几种情形：(1)父母作为其未成年子女的法定代理人；(2)配偶一方作为其无民事行为能力或限制民事行为能力的对方的法定代理人；(3)成年的兄、姐作为其未成年的弟、妹的法定代理人。(4)负有保护责任的机关、团体代表。至于“关系人”的含义，既没有相关法律法规规定，学界也暂未对其展开讨论。依字面意义，所谓关系人，应当是指与患者具有一定“关系”的人。“关系人”一词出自《病历书写基本规范》。根据《病历书写基本规范》(试行)第 10 条规定：“……应当由患者本人签署同意书。患者不具备完全民事行为能力时，应当由其法定代理人签字；患者因病无法签字时，应当由其近亲属签字，没有近亲属的，由其关系人签字……”从该条规定可以得出如下结论：首先，该条规定的签字顺序是法定代理人→近亲属→关系人。这应当可以视为当患者无法被告知时，告知的顺序应当遵从如上规定。其次，“关系人”应当是除法定代理人和近亲属以外的其他的人。最后，根据体系解释的原理，这里的“关系”只能限定为亲属关系，即与患者具有血缘或者姻亲关系的人，而非其他类型的各种“关系”，如债权债务关系。在各个医事法相关规定中，尽管表述存在差异，告知对象（除患者以外）均与患者具有亲属关系，只是根据亲疏远近区分为近亲属和一般亲属而已，因此这里的“关系”也应当限定为具有“亲属”关系的自然人。并且，由于医疗行为可以导致患者精神和肉体上的损害，一般而言，具有“亲属”关系的人能够为患者做最大利益的考量，若将“关系”扩展到其他各种类型的关系，则难以最大化地保证患者利益，这也是将“关系”限缩为“亲属关系”的重要原因。

第四类是“医疗机构负责人或者被授权负责人员”。该类人员属于医方人员，本不应当成为告知对象，否则违背了“自己不能告知自己”的基本原则。但在特殊情形下，法定的告知对象如患者、患者近亲属、亲属以及关系人均无法告知时，而针对患者的医疗行为又必须实施的情况下，医疗机构的负责人和被授权负责人员此时成为告知对象。显然，医疗机构的负责人和被授权负责人员成为告知对象的“兜底人员”。该类告知对象形式上是医疗机构负责人和被授权负责的人等自然人，实质上则是法人形式的医疗机构，因为医疗机构的负责人和被授权负责的人均与患者没有亲属关系，他们代表的是与患者利益无关的医疗机构。法律之所以将“医疗机构”设定为“最后”的告知对象，是为解决若没有告知对象则无法告知问题。并且，这对医疗行为的审慎实施提供了监督方和责任承担方，即若存在不当医疗损害时，医疗机构负责人或被授权负责人所代表的医疗机构应承担责任，以促使医疗机构最为谨慎的实施医疗行为和最大限度的维护患者利益。

准确界定告知对象不仅有益于解决医生应当向谁告知的问题，更将另一个值得思考的问题推上台面，即当医师告知患者家属并得到同意对患者实施医疗行为，其结果却违反患者本人意思时，医师是否应当承担责任。与之相关联的另一个问题是，医师向患者法定代理人、近亲属或者关系人告知是否视为已经履行告知义务。例如一位罹患乳腺癌的患者，经医生说明后，患者同意实施乳房部分切除手术。在切除手术进行中，医生经过确认认为其将来极其有可能再度罹患乳腺癌，故需要对乳房实施全部切除。由于患者处于麻醉状态，故医生只得向手术房外的“家属”说明，征得家属同意后将患者的乳房全部切除。患者术后醒来得知自己的乳房全部切除，认为医生未向其说明也未经其同意，遂起诉医生要求承担法律责任。医生是否应当承担责任？

一般说来，告知对象只能是患者本人，但在特殊情形下——患者本人无法被告知的情况下，与患者具有特定关系的人可以成为告知对象，这已为法律所明确规定。因此，可以肯定的是，在患者本人以外，存在其他可以被告知的对象，在特定的情形下，医生向此类主体进行告知，应当视为告知患者并已经履行告知义务。但棘手的情况是，若患者本人的意思与其法定代理人、近亲属或者关系人意思不一致时（如上述案例），医生依其他人而非患者本人意思实施医疗行为，是否应当承担责任。

患者本人以外的其他人的意见，毕竟不是患者本人的意思。尽管诸如法定代理人、近亲属或者关系人均以患者本人的利益为出发点和判断标准，但此种意见在客观上不是患者原意，尤其在结果与患者本意存在较大差异时，问题随之而来。对于该问题的处理，笔者认为应当注意以下几点：

首先，既然法律赋予了患者以外其他人的同意权利，故在特定情形下，患者本人以外的其他人可以代为同意和决定是否对患者实施医疗行为。这里所说的患者本人以外的其他人，根据我国现行法律规定，主要是指法定代理人、近亲属以及关系人、医疗机构的负责人和被授权负责的人。“特定情形”是指患者本人无法作出同意或者不具备同意能力的情形，如患者处于昏迷状态、患者为无民事行为能力人等。

其次，法律赋予患者以外其他人代为同意的权利，其目的在于保护患者利益。在患者本人无法被告知和同意，但又必须对患者实施医疗行为的情况下，赋予与患者存在特定关系的人代为同意的权利，其意在更好地保护患者利益。明确法规意旨和保护目的为解决上述问题提供了路径和钥匙。当依据其他人的“同意”实施医疗行为，但结果却与患者本人意思相违背时，衡量医师是否承担责任的最佳乃至是唯一标准只能是——是否符合患者最佳利益。若符合患者最佳利益，即便违背患者本意，也应当免除医师责任，否则医师则应当承担相应责任。

最后，在提出患者最佳利益标准来解决上述难题之后，随即产生的问题是：如何判断是否符合患者最佳利益？本书认为，判断是否符合患者最佳利益，应当抓住两点，即是否符合患者本意和患者的身心健康。第一，若患者事先明确表示了意见，那么患者处于无法同意的状态下，其他人应当遵从患者原意，此即符合患者最佳利益。以前述“基督教信仰者拒绝输血案”为例，基督教信仰者基于自己的信仰，明确向医师表明，在任何时候拒绝输血——即便非输血不能挽救生命的情形下亦是如此，因此，为挽救患者生命而给其输血尽管从结果上来说对患者有利，但违背患者本人明确表示的意愿，并不符合患者最佳利益，医师应当承担责任。对一般人而言，挽救生命符合患者最佳利益，应予以免责，但对于基督教信仰者而言，信仰本身或许比生命更为重要！输血行为尽管挽救了其生命，但该行为却导致信仰者面临信仰崩溃并处于长期自责和忏悔之中，对其身心健康可能造成极大的损害。因此，对于基督教信仰者这一特定对象而言，尊重信仰才是其最佳利益。从性质上来说，此可谓判断是否符合患者最佳利益的主观标准。第二，在无患者明确意见的情况下，患者的身体健康是患者的最佳利益。以上述乳腺癌手术为例，患者在麻醉处于昏迷的状态下，家属为了其身体健康同意对其实施乳房整体切除手术,以避免其将来再次罹患乳腺癌,这符合患者最佳利益。即便患者醒后认为这不是其原意,也不应当追究医生和家属责任。应当注意的是,是否符合患者身体健康这一最佳利益,判断标准不在于患者,也不在于当事医生,而应当以"医疗水准"作为判断标准。所谓医疗水准是特定国家于特定时期内关于某疾病的临床医疗水平,在具体界定医疗水准时应考虑行为人所处的地区、医疗机构及行为人专供领域等相关因素。① 在我国,全国人大法工委民法室认为,所谓医疗水准是指"一般情况下医务人员可以尽到的、通过谨慎的作为或者不作为避免患者受到损害的义务",在判断是否符合医疗水准上,应当"视情况具体而定",不能一刀切。② 依笔者浅见,在我国这样一个幅员辽阔、各地医疗水平参差不齐且存在较大差距的国家,用"一刀切"式的全国统一标准来衡量全国各地各医院的医疗水准,显然不契合现实,而应当综合地域性、时间性、医院等级甚至医生个人水平进行综合考量。例如,全国性三甲医院和社区医院的医疗设备、医生个人水平很难相同,故衡量某医疗行为是否符合医疗水准不能使用同一标准。简单来说,"三甲"医院应当采用"三甲"医院的衡量标准,而"社区"医院自应当适用"社区"医院标准。只要医生在当时的情形下,充分利用所属医院的现有医疗设备,尽自己最大努力和最高医疗水平实施医疗行为,对于罹患某疾病的患者而言,就应当认定属于符合患者最佳利益,即便造成损害,医生不应当承担责任。从性质上而言,此可谓判断是否符合患者最佳利益的客观标准。第三,若某医疗行为既符合主观标准,也符合客观标准,则必然符合患者最佳利益原则,不存在责任承担问题。问题在于,当主观标准与客观标准相冲突时应当如何解决,即患者自我意愿有违自身身心健康时,应当如何取舍?前述基督教信仰者拒绝输血案就是例证。根据笔者有限查阅,我国司法实践中似乎尚未出现类似案例,因此,该种情况在国内学界鲜有讨论。笔者认为,解决此种冲突的基本原则是:以客观标准为原则,以主观标准为补充。在一般情形下,当患者的主观意愿与自我身心健康存在冲突时,应当以客观标准优先。以上述乳腺癌手术为例,尽管切除乳房整体不符合患者本人意愿,但该切除手术被认为是乳腺癌必要治疗方式并且符合患者身体健康要求之实,即可认定为符合患者最佳利益,医师不应承担责任。但在特定情形下,如患者是具有宗教信仰的人,并在术前患者已明示禁止某种医疗行为——即便该医疗行为对患者生命健康有益,也不应当违背患者意愿对其实施该医疗行为,这便是"以主观标准为补充"。前述基督教信仰者拒绝输血案中信仰基督的花子就是适例。

---

① 臧冬斌:《日本刑法中的医疗水准论》,载《环球法律评论》2008 年第 3 期。

② 全国人大常委会法制工作委员会民法室编:《中华人民共和国侵权责任法条文说明、立法理由及相关规定》,北京大学出版社 2010 年版,第 232 页。

总而言之，在一般情形下，应当坚持客观标准优先，即优先考虑患者的身体健康，这是原则；在特定的情形下，可以优先考虑患者主观意愿而舍弃患者身体健康，此为例外。

三、告知内容

告知内容要解决的是应当向患者告知什么。一般来说，凡是对患者"同意"具有实质性影响的信息都应当告知患者，至于究竟什么样的信息对患者作出同意决定具有影响则存在争议。我国医疗法规对此规定得较为模糊，如《医疗事故处理条例》规定应当将"患者的病情、医疗措施、医疗风险等如实告知患者"，而《医疗美容服务管理办法》规定应当告知"治疗的适应症、禁忌症、医疗风险和注意事项等……"根据《医疗机构管理条例》的规定，医疗机构"施行手术、特殊检查或者特殊治疗时，必须征得患者同意"。与此同时，按照《医疗机构管理条例实施细则》第88条关于上述之用语解释，"特殊检查、特殊治疗"是指下列之诊断、治疗活动："（一）具有一定危险性，可能产生不良后果的检查和治疗；（二）由于患者体质特殊或者病情危重，可能对患者产生不良后果和危险的检查和治疗；（三）临床实验性检查和治疗；（四）收费可能对患者造成较大经济负担的检查和治疗。"由上可知，我国法律对于医师的告知事项缺乏统一、详尽规定，笼而统之式的规定不但不利于患者作出决定，也不利于医师履行告知义务。在司法实践当中，云南省高院判决认为：患者在医疗过程中依法享有知情权，患者知情权的内容不仅包括患者有权知悉自己的病情、诊断、治疗措施、医疗风险等，还包括患者有权在知悉的基础上进行自主选择、表示同意或者不同意手术、治疗方案等内容。① 一般来讲，医师所应披露的信息应包括：(1)所建议和实施的治疗方案的性质、特性、目的；(2)所建议和实施的治疗方案的预期效果，包括可预见之风险；(3)有无其他可选择、可替代的治疗方案；(4)其他可选治疗方案（包括不治疗）的预期效果，包括可预见之风险。② 综上所述，根据我国立法以及司法实践的做法进行归纳，可以确定如下医生需要告知的信息：(1)患者病情。包括病名、病况、治疗可能达到的效果、不治疗之后果等。(2)治疗措施。包括医师知晓的各种针对该疾病的治疗方法，各种治疗方法的利弊。(3)医疗风险。包括手术、特殊检查、治疗之风险，也包括选择可替代措施之风险。(4)其他注意事项，包括禁忌症、与治疗有关的禁止事项和命令事项③等。本书认为，上述医事法明文规定的内容医生均应当告知。

---

① 参见：〔2005〕云民高字第124号判决书。

② 赵西巨、冯秀云：《知情同意原则中的信息披露问题研究》，载《中国医学伦理学》2004年8月第17卷第4期（总第96期）。

③ 此处所说的命令事项是指为治疗疾病患者应当履行的事项，如糖尿病患者应当定期检测血糖等。

问题是：除上述以外的其他事项，医师是否应当告知？在英美法系国家，特别是美国法，将知情同意法则的管辖范围扩展到了一些与医疗措施并不直接相关的信息，比如医生的“身份”信息、“身体健康”信息、“经验”信息、“利益冲突”信息和“金钱刺激”信息。[①] 在我国台湾地区，法院判例认为，医师告知事项并不以法律规定为限，即“最高法院部分刑庭所主张的说明义务内容已经超越医师法、医疗法所规定的说明义务内容……”[②]至于在台湾理论界，则众说纷纭，莫衷一是。必须指出的是，我国医事法对于告知信息的规定已经突破了“与医疗行为相关”这一限制，进行了实质上的拓展。例如，《医疗机构管理条例实施细则》第 88 条对于告知信息中的“特殊检查、特殊治疗”之解释第四项规定，“收费可能对患者造成较大经济负担的检查和治疗”应当告知患者。根据该解释，“收费可能对患者造成较大经济负担”的检查和治疗属于应当告知的信息，即医师应当告知的是费用信息而非医疗信息——尽管收费与检查和治疗有关。该项规定也表明，我国医事法并未将医生告知事项限定为“医疗”信息。笔者认为，尽管在学理上对于医师告知事项存在不同意见，但不论医师告知何种事项，其核心意义和目的只有一个：为患者同意提供判断之依据。若将告知信息限制在医事法规定的范围以内，这为医师履行告知义务提供方便，但可能不利于患者作出同意决定；若将告知事项界拓展到医事法律法规以外，则对医生苛以更高的注意义务，对患者作出决定有利。显然，对告知信息内容的设定如同一个无法平衡的钟摆：要么倾向医师，要么倾向患者。既然告知同意原则的核心在于保护患者自我决定权，那么，这个“钟摆”自然应当偏向于患者而非医生。在医患关系中，患者是医疗行为接受方和医疗损害的承受者，为更好地保护患者的权益以使其慎重地作出是否对其进行医疗行为的决定，应当将告知信息拓展到医疗信息以外(即包括医疗信息和非医疗信息)。但是，倘若将医师的告知信息作无限制的毫无边界的拓展，不但会使得医生无法履行自己的告知义务并进而怠于履行，并且，过多的信息只会使得患者陷入信息的“泥沼”之中，使其无法凭借有用的信息作出正确的判断。因此，告知信息范围的设定犹如一把双刃剑——范围得当则双赢，范围不当则皆损！既然将医师告知信息拓展到医疗信息以外，那么，边界在哪里？换言之，医师到底应当将哪些信息告知患者呢？笔者认为，在医师所掌握的众多信息中，衡量是否应当告知患者的标准有且只有一条——是否对患者作出同意决定具有“实质性”影响：有则应当告知；无则无需告知。

---

① 赵西巨：《论知情同意法则的疆域拓展——医生对非医疗信息的告知》，载《东方法学》2010 年第 5 期。

② 陈子平：《医疗上“充分说明与同意”之法理在刑法上的效应(上)》，载《月旦法学杂志》第 178 期(2010 年 3 月)。

简而言之，若该信息会影响到患者作出同意决定，则应当告知。然而，界定“实质性影响”并非易事，“实质性”本身是一个较为含混之词，判断该信息是否“实质性”影响到患者决定，面临的问题主要有二：第一，对信息本身而言，因为影响力大小、程度存在差别，哪些是这里所说的应当告知的“实质性”信息？第二，对于告知对象（即患者）而言，对象的不同可能导致信息的“影响力”也不一样。到底应当以理性人（客观标准）还是以具体患者（主观标准）来判断“实质性”影响？对于第一个问题，医师应当按照信息影响力的有无和大小首先将无影响力的信息剔除，例如手术使用的器械名称、类别等就属于无影响力信息。在经甄别留存下来的具有“影响力”的信息之中，无外乎两类：医疗信息和非医疗信息。一般而言，对于医疗信息中应当告知的事项，医事法及相关法规规定得较为明确，笔者在前文中对于此类信息已作较为详细的论述，不再重复。难题是对具有影响力的非医疗信息的界定。笔者在前文中已经提到，我国医事法实质上已经将非医疗信息列为医师应当告知患者的事项，如“收费可能对患者造成较大经济负担的检查和治疗”，其落脚点就是“收费”即费用信息。在我国，由于全民性的免费医疗保障并未建立，除去极少部分人以外，大多数人就诊尽管医疗保险能够报销一部分，但患者本人也应当承担相当的一部分，对于某些没纳入到医疗保险的检查和治疗甚至是承担全部费用，因此，费用的多少“实质性”的影响患者是否决定从事某种检查和治疗，这是在现实生活中无法回避并客观存在的问题。我国法律虽已经明确指出部分“收费”信息是医师应当告知的事项，除此之外是否还存在其他类型的应当告知的非医疗信息？从前述可知，由于医疗信息已由医事法明确规定，故范围基本是可以确定的；而非医疗信息将范围拓展到医疗领域以外，并且医事法对此也未作出明文规定，因此其范围是模糊并且难以确定的，从这一点来说，确定了非医疗信息的范围即确定了医师告知事项的范围。笔者认为，非医疗信息尽管涵摄了许多难以一一列举的内容，但不论何种非医疗信息，医师应当告知和患者意图获取的信息都具有一个特征——影响到患者同意决定。实际上，影响到患者同意决定的信息肯定与患者可能被实施医疗行为相关，从这个意义上来说，“非医疗信息”其实也是“医疗信息”，只是它不与医疗行为直接相关而已，它仍然是与医疗行为具有间接性紧密联系的重要信息。申言之，与医疗行为毫不相关的信息肯定不是非医疗信息，可以直接排除。根据这一特征以及我国医事法的现有规定，笔者紧紧围绕“影响患者决定”核心，大致列举出如下“非医疗信息”：

(1) 医疗费用，如《医疗机构管理条例实施细则》第 88 条规定的“收费可能对患者造成较大经济负担的检查和治疗”。实际上，对于许多人来说，治疗费用对是否诊治具有重要影响，很多人因为治疗费用太高或缺钱而不得不放弃治疗。例如，根据《楚天都市报》报道，家在英山农村的李先生目前在汉做完了喉癌手术，按计划，只需再进行几次放疗，病情就能得到控制。但他却突然一反常态，执意要中断治疗、提前出院。因为李先生两个多月以来的治疗非常顺利，他突然提出放弃治疗，医生并没同意，而是请他冷静下来考虑一下。护士和他谈了几次心才知道，原来李先生 4 岁的孙子几天前诊断出患有动脉瘤，需要一大笔治疗费。李先生说:“我一把年纪了，不能拖累了家里人，还是把钱省下来，先给孙子治病吧。”①

(2) 医师个人信息。根据英美法的划分，医师个人信息大致可以包括身份信息、健康信息、经验信息等。② 医师身份信息本属于个人隐私，无需也不应当告知患者，但若此类信息影响到患者是否同意实施医疗行为，则因具有实质性的影响而成为告知对象。医师身份信息主要包括姓名、年龄、职称、学历等，其中年龄、职称、学历等信息对于患者信赖医师并同意其实施诊疗行为具有重要影响。以职称和学历为例，通常主任医师和具有博士学位的医师可信赖度较高，在一般人眼里具有权威性，因而此类医师也较容易为人信服。患者对某位医师的选择是综合医师个人信息所作的一种综合判断，确认某医师对该患者负责以后，在通常情况下，不能随意调换医师。医师个人健康信息本属于隐私性很强的信息，但若其个人健康信息对患者是否决定由其实施诊疗行为具有实质性影响的话，医师也应当告知。医师健康信息影响主要包括两个方面:一是影响医师实施诊疗行为的状态，二是影响患者的情绪。例如，一位患有艾滋病的医师在手术实施过程中可能无法保持足够的体力而难以完成手术；另外，若患者得知医师感染艾滋病，可能会担心自己感染而拒绝手术。至于医师的经验信息，主要是指在治疗某项疾病上的技术、经历以及成功率等。医学的专门性和复杂性对医生的经验性提出了更高的要求，经验的重要性甚至在某种程度上超越了书本知识掌握的重要性。疾病诊断面对的是千差万别的患者，患同样的疾病的不同的人可能治疗方法相去甚远，在此种情形下，医师的诊治经验对于治疗方式的选择以及治疗效果具有决定性的影响。如果说“学历”“职称”等属于纸面意义的、形式上的信息的话，那么“诊疗经验”则属于实践意义的、实质性的信息，诊疗经验对患者选择医师、同意治疗方案具有重要影响。正是在这一点上来说，医师应当将自己对某项疾病的诊疗经验告知患者。

(3) 治疗行为的性质。医师对患者实施的诊疗行为本应当只具有一个性质，即恢复患者的身心健康。但是，随着社会的生活发展特别是医学研究的需要，诊疗行为

① 参见《为了省钱救孙子，癌症爷爷要放弃治疗》，载《楚天都市报》2012 年 9 月 5 日(第 16 版)。

② 参见赵西巨:《论知情同意法则的疆域拓展——医生对非医疗信息的告知》，载《东方法学》2010 年第 5 期。

本身可能担负的诸如科学研究、试验新药等其他任务。此类信息应当告知患者吗?虽然诸如科学研究和试验新药等行为和治疗行为本身系属于一个行为(若不属于同一治疗行为则另当别论),除“治疗行为”受益人是患者以外,该行为的其他性质的受益群体则属于医生和医疗机构或其他患者,但后果的承担者却只有该医疗行为所针对的患者这唯一主体,若医生隐瞒该类信息对患者而言显失公平。更为重要的是,此类信息如科学研究与临床试验等会导致患者对该诊疗行为实施更为审慎,在治疗行为上依附其他内容和信息会影响患者的决定,因此,医师应当将治疗行为的性质(即是否附着其他内容)告知患者。

总而言之,将医师的告知信息拓展到医疗信息以外的非医疗信息,形式上对医师苛以了更高要求的告知义务,实质上在于保护患者的知情权和决定权,最终是为了保护患者的身心健康这一核心利益。非医疗信息的边界并非毫无边际,其核心在于是否影响患者的同意,即是否对患者的决定具有“实质性”影响。

如何判断“实质性”影响?此即第二个问题。对于实质性影响的判断主要存在三种学说,即客观说、主观说与折中说。客观说认为,若一般人(理性人)认为该信息对患者具有实质性影响,则医生应当告知。主观说则认为,应当以具体的患者为判断标准,即患者(具体的个人)认为该信息对其具有实质性影响,医生则应当告知。折中说则综合了客观说和主观说,认为凡一般人且具体的病患认为具有实质性影响的信息,医生应当告知。从上可知,客观说以一般人(理性人)为判断标准、主观说以具体的患者为标准、折中说则是前两类学说的折中。主观说虽考虑具体患者的感受,但正因为其过于注重患者的自我感受而导致判断标准因人而异,不具有稳定性而受到批判。客观说的长处在于为判断标准提供了较为客观的标准即以“一般人”“平均人”或者“理性人”为标准。在“实质性”影响的判断当中,客观说认为应当以一般人(理性人)患者为标准进行判断,而不能以具体的患者为判断对象。具体而言,若对于一般人而言,该信息具有“实质性”的影响,哪怕具体的患者认为没有“实质性”影响,也不影响“实质性”影响的成立;反之,若一般人认为没有“实质性”影响,即便具体的患者认为具有“实质性”影响,也不能认为具有“实质性”影响。客观说弊病有二:其一,客观说藉以判断的一般人、理性人、平均人等标准本身就十分含糊,什么是“一般人、平均人和理性人”?客观说没有能够准确界定,所以,客观说赖以立足的根本即“客观判断标准”成为问题。其二,客观说会导致具体的个人不受重视,即忽略了具体人的主观感受。在具体的判断中,人们常常会产生如下疑问,为什么我这么认为(具体的个人),而一般人(客观说)却不这么认为呢?难道我不是“一般人”?!吉尔兹教授一针见血地指出:“这种(抽象的)方法,无论它得到多么系统、详尽的阐述和机智的辩护,(都)淹没了活生生的细节,使之成为僵死的模式:我们在追求形而上学的存在,即大写的人；为了这个目的，我们牺牲了我们实际遇到的经验的存在，即小写的人。”[①]这种做法实质上就是重视“抽象人”而忽视“具体人”。传统刑法理论中的“人”是典型的抽象人，完全不顾及现实生活中具体人。[②] 折中说试图吸客观说与主观说之所长而去两者之短，因其过于中庸、毫无特色[③]的弊病而受人诟病。在刑法学领域，自张明楷教授高擎“客观主义”大旗，陈兴良教授主张学问应当追求“片面的深刻”而非“全面的平庸”之后，曾经以通说形象流行的各种“折中说”似乎越来越不受待见了。不过，法学通说并不等同于折中说，即便“折中说”在某种情形之下成为通说，也不能成随意批判的对象。将法学通说等同于批判的靶子并以此为基础提出新的学说，是对法学通说的一种误解。实际上，法学通说有其内在形成机理、适用范围和实践理性，它不是可以嘲笑的对象，而需认真对待。[④] 王泽鉴教授甚至直言不讳地指出，大陆法学家的任务，最重要的是形成通说。[⑤]

三种学说虽各有利弊，但笔者认为折中说较为妥当，因为其兼顾了判断的一般标准和具体标准。不过笔者所支持的“折中说”，并非是“理性人”与“具体患者”之间的“折中”，而是“一般性患者”与“具体患者”之间的折中。应当指出的是，实质性影响判断的“客观说”是以“一般人”而非以“一般性患者”作为判断标准的，是站在“一般人”视角而非“一般性患者”角度来认定实质性影响的。然而，“实质性”影响的判断主体应当是患者而非患者以外的其他一般人。所谓实质性影响，是对患者产生“实质性影响”，进而影响到自我决定权的行使，其他一般人并不存在此种情况。通常来说，患者与一般健康人并无二致，但在疾病的诊治过程中，疾病、自身健康、诊治情况等因素会影响患者自身的判断，这使得患者与健康的一般人在进行“实质性影响”判断时有可能存在较大的区别。换言之，患者认为有实质性影响的事项，健康人可能由于没有罹患疾病而无法感同身受，从而认为没有实质性影响。因此，客观说判断标准的“一般人”不能是“一般性健康的人”，而只能是“一般性患者”，或者叫做“理性患者”，否则会导致判断主体错误，判断结论也就差之毫厘、谬以千里了。因此，笔者所采取的折中

---

① [美]克利福德·吉尔兹：《文化的解释》，纳日碧力戈等译，上海人民出版社 1999 年版第 59 页。

② 姜涛：《人之图像与刑法的实质解释》，载《政法论坛》2013 年第 3 期。

③ 折中说或许最大的弊病在于试图融合客观说与主观说的优点，这存在两个问题：第一，客观说与主观说可能存在不可调和的矛盾，根本无法融合；第二，即便可以融合，最终却导致折中说要么偏向客观说，要么偏向主观说，成为“伪折中说”。

④ 关于法学通说的论证，可以参见姜涛博士的一系列论文：《法学通说的文明与法学通说的选择》，载《法律科学》2009 年第 3 期；《法学通说：一个初步的分析框架》，载《北大法律评论》2011 年第 2 辑；《认真对待通说》，载《中外法学》2011 年第 5 期。

⑤ 参见周少华：《书斋里的法学家》，载《华东政法大学学报》2006 年第 4 期。

说，是“理性患者”与“具体患者”之间的折中。申言之，具有“实质性影响”的信息是指，一般性患者认为能够影响其作出同意决定的以及具体情形下特定患者认为会影响到其同意决定的事项，医生均应当告知。这种以客观说为基础的折中说，不但考虑到了一般情形下“实质性”影响判断的客观标准，而且有利于关照特定情形下具体患者的个人利益，相较其他两种学说而言，具有可取性。

四、告知方式

告知方式要阐明的是如何对患者进行告知。一般而言，告知方式无外乎两种，即口头告知和书面告知，在诊疗实践中，以书面告知为主，以口头告知为辅。根据我国现有医事法相关规定，对于手术行为，都要求书面告知，即要求患者签署手术同意书，以确认患者知晓手术风险并同意实施手术。由于医疗行为的专业性可能导致患者对于病情、医疗措施、医疗风险不甚了解，所以我国法律规定，医师应当如实向患者介绍病情、治疗措施、治疗风险等情况，并接受患者咨询。因此，对于手术行为而言，书面告知为原则，口头告知则是必不可少的补充，在现实生活中，口头告知甚至取代书面告知成为告知最为重要的方式，这是因为对于大多数患者而言，并不具备阅读专业医学条款的能力，其对病情、治疗措施以及风险的了解主要依赖于医生的讲解，因此口头告知是必不可少的极为重要的告知形式。此外，对于非手术行为而言，口头告知甚至是主要的告知方式。例如，对于一般性门诊处置而言，尽管医师在患者病历上有所记载，但大多只是病情以及所开处方的简单描述，以作为下次诊断之用，并非主要用于告知病情并取得患者同意。在这种情况下，医生只需要口头告知患者病情以及治疗措施，并不需要取得患者书面同意。综上所述，对于手术行为，以书面告知为原则，以口头告知为补充；对于非手术行为，以口头告知为主要形式。

第三节 告知义务履行之判断

一、告知义务的履行与免除

医师若将需要告知的事项对患者予以告知，则视为已经履行告知义务。在特定情形下，医生可以不履行告知义务。例如，我国《执业医师法》第 26 条规定：“医师应当如实向患者或者其家属介绍病情，但应注意避免对患者产生不利后果。”我国《医疗事故处理条例》第 11 条规定：“在医疗过程中，医疗机构及其医务人员应当将患者的病情、医疗措施、医疗风险等如实告知患者，及时解答其咨询；但是，应当避免对患者产生不利后果。”换言之，如果医生本应将所有信息均告知患者以帮助其作决定，但若某信息可能“对患者产生不利后果”，医师可以保留而不告知患者。什么属于“对患者产生不利后果”的信息？总体而言，主要是指可能对患者产生不良影响以致危害患者健康的信息，比较典型的如患者罹患癌症的讯息。医师是否应当把患者罹患癌症的讯息告知患者？这是一个十分纠结并且颇有争议的问题。一方面，医生应当尽可能地给患者提供疾病的讯息，为患者决定提供帮助，癌症当然是十分重要的讯息，自然应当告知患者。此外，告知患者罹患癌症可以使患者有计划地安度余生，合理安排时间，这更显人道主义和人文关怀。另一方面，医生若告知患者癌症讯息，可能会造成患者恐慌不安，不利于患者的康复治疗，故医生以及患者家属通常决定对患者隐瞒癌症讯息，这也是我国法律规定“告知患者”应避免“对患者产生不利影响”的根本原因。笔者认为，既然我国医事法已将“对患者产生不利影响”规定为告知义务的免除事由，故医生在此种情形下无需履行告知义务。由于何种讯息可能“对患者产生不利影响”由医生决定，即“不利影响”属于医生的职权界定范围，如果任由医生基于自我判断认定对患者具有“不利影响”并进而免除告知义务，这事实上剥夺了患者的知情权，并对患者的“同意”产生重要影响。因此，限定并限缩“不利影响”的范围尤为重要。申言之，“不利影响”不能成为医生免除自己告知义务的“万能挡箭牌”，应当将其限定在合理范围，若将“不利影响”的范围无限放大，则是事实上免除了医生的告知义务。笔者认为，虽然“不利影响”的判断原本属于医生的自由裁量权，但“不利影响”终究是对“患者”而非“医生”产生不利影响，即“不利影响”的最终承担者是“患者”，仅由医生独自界定“不利影响”未免有失偏颇，正所谓“兼听则明，偏信则暗”。因此，依笔者浅见，对“不利影响”范围的限定应当引入“患者”一方而不能仅由医生独自决定。换言之，“不利影响”的范围应当由医方与患方共同决定。但是，在医疗当中，若患者本人未经判别直接了解“不利影响”的讯息，不但不利于患者身心健康，还有可能对患者造成无法挽回的损害，因此这里所说的“患方”不是指患者本人，而应当是患者的亲属或者关系人。也就是说，应当由医生和患者亲属或关系人综合判断某讯息是否对患者具有“不利影响”，若双方皆认定该讯息具有“不利影响”，则可以免除医师的告知义务，否则则不属于“不利讯息”而应当告知患者。之所以将患者家属或者关系人引入到“不利影响”的界定中主要基于两方面考虑：一方面，仅由医师自我界定“不利影响”不利于限定医师的自我裁量权，容易导致“不利影响”成为医师免除告知的义务的“口袋”。另一方面，“不利影响”的承受者是患者，故“不利影响”的认定不能不考虑患者的意见。但若直接与患者本人进行商讨某讯息是否具有“不利影响”，恐会对患者造成无法挽回的损害，故与患者具有密切关系、以患者健康为根本的亲属或关系人进行商讨是有效的变通方式。从间接意义上来说，这也保证患者一方的知情权。在笔者看来，这种考虑医患双方意见的“协商”式的对“不利影响”的界定，不但避免了医方对“不利影响”的单方擅断，更能保证因人而异对患者进行告知或隐瞒，最大限度地考虑了患方的感受和意见，具有可取性。仍以癌症讯息为例，癌症讯息并非完全不能告知患者，应当因人而异。对于较为理性的患者而言，经其家属或者关系人同意以后，可以告知患者，这不但不会对患者造成不利影响，反而能使患者有质量地度过余生。反之，对于心理承受能力较差的患者而言，医师应当在与其家属或关系人沟通的前提下，拒绝将该讯息告知患者，以避免对患者健康造成不利影响。

除“对患者具有不利影响”这一告知义务免除事由之外，经笔者梳理，可以将告知义务免除事由大致分为两类：客观免除事由和主观免除事由。客观免除事由主要包括紧急状态、强制医疗、对患者具有不利影响等事由；主观免除事由主要包括患者应当知道的事由与患者放弃（或免除）告知事由。对于客观免除事由，笔者在上文以及第二章中作了较为详细的论述，故在此不再重复。下文将介绍主观免除事由。

1. 患者知晓事由。所谓患者知晓事由主要是指即便医师不予告知，患者也对相关事项有所了解，能够凭借自我了解作出正确决定的事项。医师告知事项原本属于专业性较强的医学知识，但这并非患者所完全不能知晓的事项。若患者基于自我认识已经对告知事项有所知晓，医师不告知亦不会对其同意产生影响，则医师可以不予告知（即免除告知义务）。值得研究的是：在此种情形之下，是否包括患者应当知道的事项？即医生是否可以对患者应当知道而非已经知道的事项免除告知义务？对此笔者持保留态度。首先，若患者“应当知道”可以免除医师的告知义务的话，实际上是扩张了患者的责任而限缩了医师的告知义务，这对患者而言是不利的，不符合“告知同意”原则所彰显的以患者为核心的理念。其次，“应当知道”不等于“已经知道”。“应当知道”属于应然层面，“已经知道”属于实然层面，两者属于完全不同的两种状态，不可混淆。医师对患者进行告知，是想使患者对告知事项予以知晓，即达到“已经知道”的状态，故医师对患者已经知道的事项可以不予告知。然医师对患者“应当知道”的事项无法确定其是否“已经知道”，故应当告知。

2. 患者放弃告知事由。如所周知，权利和义务是一一对应的，即“没有无义务的权利，也没有无权利的义务”。医师的告知义务所对应的正是患者的知情权利。义务必须履行，但权利可以放弃。因此，若患者放弃自己的知情权利，医师则不必履行告知义务。但患者放弃知情权不仅仅有损“知情”这一权利本身，更有可能导致身体健康损害，故应当从严认定。笔者认为，患者放弃告知的成立应当具备以下几个条件：(1)患者具有“放弃”的能力。即患者属于能够自我决定的人，对自己所放弃告知的事项的社会意义和法律意义能够知晓，换言之，限制、无民事行为能力人不具备“放弃告知”资格。(2)放弃告知必须明示。放弃告知是患者对自己重要权利的处分，有可能导致较为严重的后果，应当从严认定。患者应当在通过口头或者书面明示“放弃告知”，默示“放弃告知”不能成立。(3)患者放弃告知应当“主动”。医师告知与患者知晓是主动与被动的关系，即医师应当主动告知，而患者处于被动知晓的地位，若医师不主动告知，当然不能就此认为患者“默示”放弃医师的告知。因此，即便患者没有积极主动要求告知，也不能因此认定患者“放弃告知”。患者“放弃告知”应以患者“主动放弃”为限。

二、告知义务履行的判断

对于医师告知义务履行的判断，主要存在三种不同类型的判断标准学说，即以医师为判断标准的学说、以患者为判断标准的学说以及对前述两种标准折中的学说。以医师为判断标准的主要是合理性医师标准说，以患者为判断标准的主要是合理性患者标准说和具体患者标准说，折中说为双重标准说。

1. 合理性医师标准说。所谓合理性医师标准说，“即告知内容应以一个谨慎而理性的医师，在相同或类似的情况下，应告知之资讯为标准”[①]。以合理性医师标准说为告知义务履行的判断标准主要存在以下支持理由：第一，告知义务的判断针对医生而非针对患者，故应当以医师为视角来判断，而不能以患者或者其他标准为判断视角。第二，医师告知事项具有极强的专业性，告知义务的履行判断显然只能由具有专业知识的医师完成，其他人并不具备判断的能力，所以“合理性医师标准”具有可取性。第三，若以患者为标准来判断医师告知义务是否履行，将导致医师怠于履行告知义务或者贻误治疗时机，最终将导致患者利益遭受损害。笔者认为，“合理性医师标准说”是医患关系中医师“父权主义”的体现，反映了医患关系中医师的主体地位，存在以下缺陷：其一，随着社会的进步和权利意识的觉醒，医患关系的核心已经由医师转变为患者，医师“父权主义”理念已经不符合现代医患关系的需要，所以，建立在医师“父权主义”理念基础上的“合理性医师标准”存在问题。其二，将告知义务履行的判断标准限制为“合理性医师”，会导致患者权益不受重视，损害患者利益。因为根据该说来判断告知义务是否履行，只需医生一方已然足够，无需考虑患者的利益和感受。其三，尽管医师告知事项具有极强的专业性，一般应由专业医师来完成，但仅由医师来完成告知义务的判断不但公正性受到质疑，而且由医师来认定医师的责任存在相当的困难。根据我国《民事诉讼证据的若干规定》和《医疗事故处理条例的规定》，对医疗事故的鉴定，应当由事故发生医院委托医学会组织进行。由于医学的专业性，对于涉医事件的判断通常只能由具有专业医学知识的医生来完成，故我国法律

① 陈聪富：《告知后同意与医师说明义务(下)》，载《月旦法学教室》第 82 期(2009 年 7 月)。

直接规定医疗事故的鉴定由医学会组织来认定。然而,医学会组织主要由医方人士组成,其机构的中立性受到质疑,该组织作出的医学鉴定因而也常被质疑偏袒医方。① 医学会组织是医疗机构的“娘家”或者代言人,由“老子”来认定“儿子”的责任存在天然的困难性。

2. 合理性病患标准说。以患者为判断标准的学说之一称为合理性病患标准说。合理性病患标准说认为,凡合理性病患在行使自我决定权(即同意)时所必需的资讯,医生都应当告知。合理性病患说以一个拟定的“合理性病患”为标准,认为在通常情形下,一个理性的患者在作出同意时所需要的所有信息,医生均应当告知。支持合理性病患说的理由主要如下:首先,合理性病患标准说是以患者为标准判断告知义务是否履行的学说,具有可取性。随着医生“父权主义”的没落并建立起以患者为中心的新的医患关系,以患者为判断标准的合理性病患标准说自然应当取代以医生为判断标准的合理性医师标准说。申言之,合理性病患标准说是以患者为核心的医患关系取代以医生为核心的医患关系的体现。其次,医生告知的目的在于患者同意,在告知——同意这对关系中,重点是“同意”而非“告知”,所以判断医师告知义务是否履行的基点应当是“同意”方即患者一方,而非“告知”方即医方。最后,采用“合理性患者”标准相对于“具体患者”标准而言具有客观性和可操作性,因而具有优势。笔者认为,合理性病患标准说相对于合理性医师标准说而言,强调以患者为基础来判断告知义务是否履行,确认了患者在现代医患关系中的核心地位,因而具有进步性和可取性。但是,合理性病患标准说以一个并不存在的假定的“合理性病患”(平均人)为判断对象,忽视了在具体医患关系中真实存在的具体患者的差异和个性,存在用一般代替个别、用普遍代替具体的弊病。具体来说,在判断告知义务之时,可能存在“合理性患者”认为医生已经告知同意所需全部事项,但具体的患者却认为医师没有对影响其同意的事项全部告知,在此种情形下采用合理性患者标准说则忽视了具体患者的合法权益,导致其无法充分行使“同意”权利。

3. 具体病患标准说。以患者为判断标准的另一种学说即具体病患标准说。该说认为,凡具体病患在行使自我决定权(即同意)时所需全部事项,医生均应当告知。笔者认为,与同样是以患者为基准的合理性病患标准说相比,具体病患标准考虑到每一位具体患者的不同情况,而医师需要根据每位患者的不同情况进行极具个别性的告知,这对于患者实现自我决定权而言,显然是最为有利的。但是,这种对患者自我决定权贯彻最为彻底的做法,极大地增大了医师的负担,使得医师只能根据具体的患

① 杨柳:《归因与归责:刑事医疗诉讼中鉴定机构与法院的角色定位》,载《北京理工大学学报(社会科学版)》2013 年第 3 期。

者来划定告知义务履行的边界，对医生而言，过于严苛。并且，具体的、个别的患者的个性化需求具有极强的主观性和随意性，有时候很不稳定和理性，实际上很难实现。

4. 折中说。无论是仅以医生为视角还是仅以患者为视角来判断告知义务履行均存在缺陷，故将上述两种视角的学说折中的理论（折中说）便应运而生了。折中说也称为双重标准说。此说主张，合理性医生根据其所知或应知该当病患的整体情况，在该具体病患行使最后决定权（自我决定权）时，凡属于必要且医师也有认识可能的资讯，都应说明之。[①] 显然，折中说在判定医师告知义务时，试图考虑医患双方的利益，既不单纯以医师为标准，也不仅以患者为标准来判断告知义务，应该说，这对于避免以片面的标准来判断告知义务履行具有可取性。双重标准说基于单一标准的弊病而将两个不同立场的标准进行折中，避免了单一标准的片面性，恰当地考虑医患双方的利益，因而受到关注和支持。正如笔者在上文中所指出的那样，折中说是对两种不同视角和立场的标准予以调和和折中，除了少数能够真正调和的不同立场之外，大多数的折中说只是形式上的折中，而实质上却偏向其中的某种学说。简言之，"折中说"本质上就是以某种学说为主并兼顾另一种学说的"折中"。刑法理论中许多的折中说（主客观之间的折中）直接称为主观说或者客观说也未尝不可，其要么是以主观说为基础，兼顾客观的折中说；要么是以客观说为主，兼顾主观说的折中说。例如，在日本，对于因果关系判断的主要学说是相当因果关系说。对于以条件说为基底的相当因果关系说，其意旨限定条件说处罚范围。至于如何判断"相当性"，理论上存在三种学说：客观说主张以行为时的一切客观事实作为基础进行判断；主观说主要以行为人认识到或者可能认识到的事实为基础进行判断；折中说主张以一般人能认识到以及行为人特别认识到的事实为基础进行判断，相当因果关系说中的折中说曾占支配地位。但是折中说与主观说一样，使因果关系的有无取决于行为人与一般人认识的有无，这与因果关系的客观性相矛盾，正因为如此，客观说成为有力的学说，有逐步取代折中说而占支配地位之势。[②] 这大致可以说明，所谓"折中说"，有时候不过是折中前被折中学说的另一种表述而已，其意在取两者之长而避两者之短，但实质上或许并未达到想要的效果。上述相当因果关系说的折中说，本想对客观说和主观说进行折中，但折中之后成为带有浓厚主观色彩的学说，与其说其是"折中说"，不如称之为"主观折中说"。对于告知义务的判断标准而言，折中说兼顾了医患双方的利益，具有可取性，但无论从理论还是司法实践来说，完美的兼顾医患双方利益的折中说恐怕只是海

---

① 陈子平：《医疗上"充分说明与同意"之法理在刑法上的效应（上）》，载《月旦法学杂志》第178期（2010年3月）。

② 张明楷：《刑法学》（第四版），法律出版社2011年版，第176—177页。

市蜃楼而已，根本无法存在。就告知义务履行的判断而言，“折中说”虽然在一定程度上可以兼顾医患双方的利益，但从实质上来说，对医方科以较高的注意义务，则意味患者享有较大的权利；反之，对医方科以较低或者较少的注意义务，则意味患者享有较少的权利，从这个角度来说，医患双方利益是一种此消彼长式的难以调和和兼顾的矛盾。因此，对于告知义务履行的判断标准折中说而言，要么是主要考虑医师利益的折中说，要么是主要考虑患者利益的折中说，不存在均等考虑双方利益、完美的折中说。事实上，即便平等考虑双方利益也并不意味着完美，过于考虑平衡和均等并不能解决问题。在民事诉讼中，举证责任倒置的规定即为偏向一方对另一方科以更高义务，没有人会认为这种做法不公正，而这种形式上的“不公正”恰恰实现了“实质上的公正”。既然如此，在告知义务的判断基准中，虽然折中说是基本立场，但究竟应当采取偏向医方还是偏向患者的折中说则成为问题的关键。笔者认为，从告知同意原则的基本法理出发，建立在以患者为核心基础上的告知同意原则必然要求告知义务的判断以患者为核心和立场，因此，折中说只能是以患者利益为核心、兼顾医师利益的折中，而不能是以医师利益为中心、兼顾患者利益的折中。基于此，笔者支持的“折中说”是以“具体患者”为核心，兼顾“理性医生”之间的折中。也就是说，对于告知义务的判断而言，具体患者认为影响其行使自我决定权的事项以及理性医生在该场合应知和所知事项均应告之。这种建立在以具体患者为基础上的折中说意味着，凡是具体患者认为影响其决定的事项，医生均应告知。并且，若在一般情形之下作为一个理性医生应当告知的事项，即便在该具体场合患者没有明确要求，医生也应当告知。“具体患者＋理性医生”的折中显然对患者有利而对医生提出了更高的要求（对医师不利），这是由医患关系中患者的中心地位决定的。该种学说有利于保护医患双方中作为弱势一方患者的利益，这正是告知同意原则源起并得以确认的根由所在，也是笔者支持该说最为重要的理由。笔者之所以不支持“理性患者＋理性医生”的折中，主要原因在于理性病患标准说重在考虑一般性患者利益，而忽视具体患者感受，这对于具体患者利益保护不力，因而为笔者所不采。

综上，尽管判断告知义务履行存在多种学说，但兼顾医患双方利益的折中说较为全面地考虑医患双方的利益，应是判断告知义务履行的基本立场。在折中说内部，笔者认为应当支持以患者为中心的折中说，这既符合患者在医患关系中的中心地位，也有利于保护患者的利益。笔者始终认为，所谓“折中”不是利益均分和对等，而是在利益兼顾的前提下有所侧重。因此，在医患利益双方之间的折中，只能是以患者利益为主，兼顾医师利益的折中，而不能是相反。从这个意义上来说，笔者所支持的折中说，也可以称为“具体病患折中说”。

第四节　刑事医疗诉讼中鉴定机构与法院的角色与定位

一、问题由来：医疗诉讼中鉴定机构与法院的角色

在医疗诉讼中，鉴定机构和法院的各自角色与定位一直是困扰理论和司法实践的难题。由于医学的高度专业性，对于医疗事故和医疗责任的认定需由专业的医疗机构作出，然而对于法院以及法官而言，由于其并不精通较为专业的医学知识，但又必须根据医疗鉴定机构作出的鉴定结论来认定犯罪嫌疑人的责任，“医生不懂法，法官不懂医”式的困境使得鉴定机构和法院关系变得紧张。总结起来，法院对于医学鉴定结论的态度无外乎有三：第一，完全遵照医学鉴定结论来认定犯罪嫌疑人的责任；第二，完全不遵照医学鉴定结论，法院自主认定犯罪嫌疑人的责任；第三；在充分吸收医学鉴定结论的基础上，法官依照法学理论来认定犯罪嫌疑人责任。实际上，上述第二种做法基本不存在，仅第一和第三种做法存在分歧。对于第一种做法而言，法院判决完全依照医学鉴定结论，从而使法院依附于医疗鉴定结构，导致医学鉴定机构入侵了法院的审判权力并最终代替了法院行使审判权，损害了法院司法权力的独立性和专属性，并不可取。因此，既注重发挥医学鉴定机构作用又保证法院审判独立的第三种方式成为司法理论和实践中较为明智的选择。根据《最高人民法院关于参照〈医疗事故处理条例〉审理医疗纠纷民事案件的通知》第三条规定：人民法院对司法鉴定申请和司法鉴定结论的审查按照《最高人民法院关于民事诉讼证据的若干规定》的有关规定处理。而《最高人民法院关于民事诉讼证据的若干规定》第六十四条规定：“审判人员应当依照法定程序全面、客观地审核证据，依据法律的规定，遵循法官职业道德，运用逻辑推理和日常生活经验，对证据有无证明力和证明力大小独立进行判断，并公开判断的理由和结果。”显然，根据上述规定，法院可以根据医学鉴定结论“遵循法官职业道德，运用逻辑推理和日常生活经验，对证据有无证明力和证明力大小独立进行判断”。这意味着在我国的立法和司法实践中选择了第三种做法。尽管“道路”明确，但存在的问题是：如何厘清医学鉴定机构和法院在医疗诉讼中的角色和地位？两者究竟各司何职又需要进行怎样的互动？准确界定两者的关系十分重要，既为防止司法实践中名为“第三种做法”实为“第一种做法”的错误，更为正确划定医疗机构与法院之间的功能和作用，使其更好地为医疗纠纷的解决服务。在医疗纠纷中，问题的关键和难点在于医疗事故责任的鉴定，而法院在医疗事故责任鉴定的基础之上来认定法律责任，因而前者是后者的基础和前提。对于医疗事故责任鉴定而言，关键是要认定医疗行为与损害后果之间的因果关系，这可以称之为“归

因”，而后法院在此基础上对于医疗行为者法律责任的认定，可以称之为“归责”。从本质上而言，医疗鉴定机构与法院之间的关系是“归因”与“归责”之间的关系，医疗事故责任的最终认定实质上就是从“归因”到“归责”。医疗损害行为本质上是民事侵权行为，但符合一定条件之后便成为了刑事上的犯罪行为，因此，刑事医疗诉讼中鉴定机构和法院关系符合上述“归因”与“归责”的基本原理，但又具有刑事“归因”与“归责”的自身特色。

二、归因：医学鉴定机构的功能和定位

医学鉴定机构的职责在于“归因”，即确定医疗行为与损害后果之间的因果关系。在刑法学的理论中，对于因果关系的认定，有条件说、原因说、相当因果关系说、合法则的条件说、重要说、客观归责理论等多种学说。[①] 因果关系理论研究的是实行行为与损害结果之间的关系，如果两者存在引起与被引起的关系，我们则认为具有刑法上的因果关系。正是对于这种引起与被引起关系的不同解读，出现了上述的不同学说。笔者在本书中并不是试图分析上述各学说之间的不同以及优缺点，应当指出的是，不论上述何种因果关系的学说都肯定因果关系是引起与被引起的客观关系，这种关系不以人的意志为转移，也不以人的认识为必要。换言之，不论行为人是否认识到实行行为与危害结果之间的因果关系，此种关系是客观存在并不以人的意志为转移的。有人认为，刑法上的因果关系是主观与客观的统一，并认为只有在故意或者过失支配下的行为与结果之间因果关系才是刑法上的因果关系。[②] 这种观点实质上是认为因果关系以人的认识和意志为存在前提，否定了因果关系的客观性，并不准确。因果关系最为重要的特征就在于其客观性，从这一点而言，因果关系是独立于人的认识而存在并需要被认识的外在客观物。简言之，因果关系是一种客观事实状态，不具有规范性或价值性，把握住因果关系的客观性，对于具体认定医疗行为与损害后果之间的关系并进而界定医疗鉴定机构的地位和作用尤为重要。如上所述，对医疗损害刑事责任的认定是从归因到归责的过程，而医疗鉴定机构对于医疗行为与损害后果之间关系的界定实质就是“归因”的过程，在此基础上法院的判定就是“归责”过程。因为因果关系是一种客观存在的事实关系，因此因果关系的判断过程是一种事实、客观判断而非价值、规范判断，其解决的根本问题就是行为与结果之间是否存在引起与被引起的客观关系。从刑事诉讼角度而言，医疗鉴定机构对于医疗行为与损害后果之间因果关系的认定属于刑事诉讼七种证据之一的“鉴定结论”，作为证据的三大特征之一的“客观性”也要求“鉴定结论”只能是客观表述行为与结果之间的关系，不能带有鉴

① 张明楷：《刑法学》(第四版)，法律出版社 2011 年版，第 175—181 页。
② 顾永忠：《犯罪构成理论新探》，载《政法论坛》1985 年第 3 期。

定者的价值或者规范判断。综上所述，显然，由医学鉴定机构主导的“归因”过程是事实判断过程，是医学机构对于医疗行为与损害结果之间关系的认定而非其他，不能带有主观价值判断的因素，至于实施该行为的行为人是否承担责任，则是其后“归责”需要解决的问题，认为只有故意或者过失行为才与损害后果之间存在因果关系的观点其本质上是混淆了“归因”与“归责”，混淆了事实判断与规范判断，并进而导致鉴定机构与法院之间关系的混乱。

三、归责：法院的地位和作用

假若医学鉴定机构能够确定医疗行为与损害后果之间具有因果关系，即完成“归因”后，随后要进行的便是法院对实施该行为的行为人进行“归责”，“归责”以“归因”为前提。根据我国的法律特征以及用语习惯，所谓归责，本质上是代表国家权力的法院运用法学理论和根据案件事实情况对行为人进行责任认定的过程，所要解决的问题是：既然该行为由行为人作出，那么他因此应当承担什么样的法律后果？归责的过程，是法官运用自己根据所学的法学理论，运用逻辑推理和日常生活经验对行为进行法律定性的过程，这一过程，实际上是对行为进行法律上的评价。在“归责”这种法律评价过程中，评价主体是法官、评价对象是行为、评价的标准是法律（法学理论）、评价的结论是是否符合法律规定。对于医疗行为的刑法评价而言，就是法官最终认定该行为是否构成犯罪。显然易见，刑事归责是一种价值判断和规范判断，其意图解决行为是否成立犯罪并进而追究行为人的刑事责任。可以肯定，归责与归因的区别在于：归责是一种价值判断和规范判断，而归因则是事实判断和客观判断，从归因到归责反映的是从客观到主观、从事实判断到价值判断的一般规律。针对刑事医疗纠纷而言，医学鉴定机构作出的医疗事故鉴定结论是“归因”即确定是否存在刑法上的因果关系，法院在此基础之上进行“归责”即确定是否构成犯罪。应当指出的是，无法“归因”，亦即无法确定实行行为与损害后果之间存在因果关系的话，当然不能进行“归责”；反之，即便可以“归因”，即实行行为与损害后果之间存在因果关系的话，是否“归责”，仍需由法官根据其他因素进行综合判断。根据刑法的一般原理，要认定行为人的刑事责任，前提是行为人的行为构成犯罪，有犯罪才有刑事责任，这是依据以法治国的罪刑法定原则得出的结论。在刑法领域内，所谓“归责”实为“追究刑事责任”的代称，而要追究行为人的刑事责任，必须是行为人的行为构成犯罪。那么如何判断行为人行为构成犯罪？在刑法理论上，主要有以德日为代表的大陆法系的三阶层理论、以我国为代表的四要件理论和以英美为代表的两层次要件。[①] 上述的有代表性的三

① 储槐植：《美国刑法》第三版，北京大学出版社 2005 年版，第 5 页。

种理论体系是解决行为是否成立犯罪的三种方法论，一般而言，肯定行为构成犯罪就能“归责”，故犯罪论体系本质上就是“归责”工具！综上而言，所谓归责实质上是运用犯罪论体系来判断行为人的行为是否构成犯罪的问题，对于行为是否构成犯罪的判断，当然是一种价值判断和规范判断。

行文至此，为进一步厘清“归因”与“归责”之间的关系，有必要比较“归因”与“归责”在犯罪论体系上的不同地位。正如上文所言，所谓归因实质上是因果关系的判断，而归责则是运用整体犯罪论体系来进行价值判断。对于因果关系的判断而言，其实质上犯罪论体系内判断的一个组成部分，而非犯罪论体系的全部。在以德日为代表的三阶层犯罪论体系中，因果关系的判断是构成要件该当性判断的一个子项，在构成要件该当性判断之中，还需要进行行为主体、行为对象、保护客体等要素的判断，随着学说的发展和理论体系的完善，主观的构成要件要素也进入了判断范围。① 在进行构成要件该当性判断之后，还需进行违法性和有责性判断才能最终确定该行为是否构成犯罪。在我国的四要件犯罪论体系之中，因果关系判断只是四要件之一的犯罪客观方面判断的一个子项，在犯罪客观方面，主要需要进行行为、结果、因果关系、客观情境等因素的判断。如需认定行为是否构成犯罪，在完成犯罪客观方面判断之后仍需进行犯罪主体、犯罪客体、犯罪主观方面等要件的判断。在以英美为代表的英美法系两层次犯罪论体系之中，因果关系判断是“犯罪本体”要件判断的一个子项，在犯罪本体要件中，除因果关系外，还需判断犯罪行为、犯罪心态等要素。如需认定行为是否构成犯罪，除犯罪本体要件这一层次以外，还需进行“责任充足要件”的判断，在这一要件内，主要判断未成年、错误、精神病、醉态、被迫行为、紧急避险、正当防卫、警察圈套、安乐死等要素。综上可以看出，以因果关系判断为目标的“归因”，是犯罪论体系中某个要件判断的一个子项，不是该要件判断的全部，更非犯罪论体系判断的全部。用下列图示可以更为清楚地说明：

(1) 德日三阶层犯罪论体系：

构成要件该当性(因果关系)→违法性→有责性

(2) 我国四要件体系：

犯罪客体
犯罪客观方面(因果关系)
犯罪主体
犯罪主观方面

(3) 英美两层次体系：

① [日]西原春夫：《犯罪实行行为论》，戴波、江溯译，北京大学出版社2006年版，第56页。

犯罪本体要件(因果关系)→责任充足要件

上述结论表明，"归因"只是犯罪论体系判断的一个组成部分，并且是其中一个要件的要素，而非该要件本身，更非犯罪成立全部要件；而"归责"则是运用犯罪论体系所有要件来判断行为是否构成犯罪，是犯罪体系的全部。从这个角度而言，"归因"只是"归责"过程中的一个小的组成部分，"归因"与"归责"并非处于同等地位不同判断阶段，前者只是后者判断过程的子项和组成部分。值得一提和产生疑问的是：观归责理论是我们所说的"归责"的理论吗？笔者认为，客观归责理论尽管冠有"归责"之名，但并非本书所称的由法院所行使的刑事责任判定职责之"归责"，以德国学者罗克辛为代表的客观归责理论是"实质的构成要件理论"。[①] 客观归责理论判断实质上分为两个层次：因果关系判断(归因)和构成要件该当性判断(客观归责)。正如陈兴良教授所指出的那样：客观归责是在条件说所确立的因果关系范围内，对构成要件的实质判断。客观归责引入构成要件，使构成要件分为事实与价值两个层面：在事实层面以归因为中心进行构成要件的形式判断，即判断是否存在因果关系。在此基础上，再进行价值层面的判断，即是否制造不被容许的风险，以检验整体的构成要件的该当性。[②] 从上述分析可知，客观归责理论区分了"归因"与"客观归责"，前者是后者判断的前提，可以"归因"才能"客观归责"，而"客观归责"实质上是通过制造不被容许的危险、实现不被容许的危险、危险属于构成要件的效力范围等要件对构成要件该当性的判断。所以，客观归责理论可以与构成要件该当性画上等号，属于德日三阶层理论体系中的第一个层次，而并非真正意义上以判断犯罪是否成立为核心的"归责"理论。就实质上而言，"客观归责"是"归责(刑事责任认定)"的一个要件和组成部分，客观归责理论之所以具有"客观"之名，是因为罗克辛遵从犯罪论体系从客观判断到主观判断的基本法则，以法益侵害为中心、坚持构成要件判断是客观判断而来，它与行为人的个人能力无关，"是一种纯粹的'客观'归责理论，而不是 Honig 的客观兼个人的归责理论"[③]。总之，客观归责理论区分了归因和客观归责，它既不是判断因果关系的"归因"理论，也不是判断犯罪成立所有条件的"归责"理论，而是介于归因与归责之间的"构成要件该当性"理论。

四、从归因到归责：鉴定机构与法院的角色互动

从上文的论述可以看出，在医疗诉讼中，医疗鉴定机构所作的鉴定结论是"归

① 许玉秀：《主观与客观之间——主观理论与客观归责》，法律出版社 2008 年版，第 206 页。

② 陈兴良：《客观归责的体系性地位》，载《法学研究》2009 年第 6 期。

③ 许玉秀：《主观与客观之间——主观理论与客观归责》，法律出版社 2008 年版，第 191 页。

因”，即对医疗行为与损害后果之间是否存在因果关系进行认定；而法院的职能在于“归责”，即对于行为人的行为是否成立犯罪进行认定。两种属于不同层次、不同性质的判断，前者属于事实、部分判断，后者属于价值、整体判断。厘清“归因”与“归责”的不同性质对于界定刑事医疗纠纷中医疗鉴定机构和法院的角色和作用至关重要。在涉及医疗鉴定的刑事诉讼中，由于医学的高度专业性，因而首先应当由专业的医学鉴定机构对于医疗行为与损害后果之间的因果关系进行鉴定。根据最高人民法院颁布的《民事诉讼证据的若干规定》，“因医疗行为引起的侵权诉讼，由医疗机构就医疗行为与损害结果之间不存在因果关系及不存在医疗过错承担举证责任”。另外，根据我国《医疗事故处理条例》的规定，“对需要进行医疗事故技术鉴定的，应当交由负责医疗事故技术鉴定工作的医学会组织鉴定”。显然，对于医疗事故的鉴定而言，一般都是由该医疗事故发生的医院委托医学会组织进行鉴定。这是由证据规则确定的举证责任制度和医学的高度专业性决定的。在医学会组织进行医疗事故鉴定得出结论后，法院才能依据该结论进行责任认定，这是处理医疗事故的基本过程和角色分担。根据现行法律规定以及刑法基本原理可以得出结论：法院“归责”需以医学会组织“归因”为前提，无法归因则不能归责。但可以“归因”是否意味着一定“归责”？根据上文关于“归因”与“归责”关系和性质的界定，即便可以归因，但归因仅属于归责要件中一个子项，是否归责，还需进行其他要件的判断，比如在我国的犯罪构成理论中，归因仅是犯罪客观方面要件的一个要素，认定其是否构成犯罪还需进行犯罪主体、犯罪客体、犯罪主观方面等要件的判断；对于德日三阶层体系而言，归因仅是构成要件该当性判断中的一个要素，是否归责，还要进行违法性与有责性的判断。至此可以肯定：对于刑事医疗诉讼而言，医学会组织的鉴定结论仅为“归因”，是否归责，乃是法院以医学会的鉴定结论为基础，根据逻辑推理、日常生活经验和法学理论综合进行的价值判断，其结论可以是“是”也可以是“否”。这种区分不但清楚地划分了医疗鉴定机构和法院的地位和角色，也为上文所述的“第三做法”提供了理论依据，即法院可以自主根据医学鉴定结论来认定责任，医学鉴定结论只是责任认定的前提，而非全部。对于医疗事故的责任认定而言，医学鉴定组织的“归因”尽管重要但“归因”却不必然导致“归责”，对于事故的责任认定而言，法院独立自主并起着决定性的作用。

医疗鉴定机构的“归因”制约着法院的“归责”，反过来，法院是否可以制约医学鉴定机构的“归因”呢？答案是肯定的，主要表现为以下几个方面：第一，鉴定机构选定制约。尽管根据《医疗事故处理条例》的规定，医疗事故的技术鉴定由医学会组织来认定，但这并不必然决定只能由医学会来进行医疗事故鉴定，事实上，除医学会组织以外，还存在多种具有法定资质的鉴定机构。以著名的湖南湘潭黄静案[①]为例，该案由湖南省湘潭市公安局的鉴定机构、湖南省公安厅的鉴定机构、最高人民法院人民法院司法鉴定中心、其家属委托南京医科大学法医司法鉴定所、中山大学法医鉴定中心等机构分别作出了鉴定。从该案可以看出，对于医疗事故的鉴定可以也应该存在多种具有资质的鉴定机构。更为重要的是，因为医学会组织主要由医方人士组成，其机构的中立性受到质疑，该组织做出的医学鉴定因而也常被质疑偏袒医方。因此，法院可以根据实际情况来选定具有资质的医学鉴定机构以确保鉴定的有效性和中立性。并且，根据最高人民法院关于执行《中华人民共和国刑事诉讼法》若干问题的解释的规定，对鉴定结论有疑问的，人民法院可以指派或者聘请有专门知识的人或者鉴定机构，对案件中的某些专门性问题进行补充鉴定或者重新鉴定。第二，鉴定程序制约。正确的鉴定结论必须依据合法的程序作出，法院必须对于医疗鉴定程序进行审查，包括对鉴定的对象、鉴定的材料、鉴定的方法、鉴定的时间、鉴定的过程等方面进行审查，以审查鉴定的程序是否合法，如若鉴定程序不合乎法律或者行业规定，其鉴定结论应当受到质疑。第三，人员选定制约。鉴定结论需由具备专业知识的鉴定人员作出，因此，鉴定人员的选任对于鉴定结论十分重要。法院对于鉴定人员的选任不仅可以筛除不具备鉴定资格的人员，更为重要的是，可以排除与案件有利害关系的人员参与案件的鉴定，以保证鉴定的中立性和公正性。在人员的来源上，法院可以选任不同鉴定机构的专业人员，以防止鉴定人员之间的相互影响，以尽量使鉴定结论客观公正。第四，结论认定制约。上述法院对于鉴定机构的制约均属于程序制约或者形式上的制约。从实质角度而言，法院也可以对于鉴定结论进行实质上的审查，进而对于鉴定结论作出肯定或者否定的结论。法院的实质审查主要包括两个方面：一是科学依据的审查，审查该鉴定结论是否具有科学理论上的根据，例如鉴定所依据的科学原理是否已被证明等；二是因果关系的审查，审查鉴定资料与鉴定结论之间是否具有科学上的因果关系，两者之间是否具有内在的科学逻辑。[②] 如若鉴定所依据的原理存疑以及鉴定材料与鉴定结论不具有科学上的因果关系，则应当否定该鉴定结论的证明力。此外，如若数个鉴定结构所作出的鉴定结论相互冲突，法院可以依据一定的规则"自主"决定采用何种鉴定结论。如前述著名的黄静案，最终湘潭市雨湖区法院采信了最高人民法院人民法院司法鉴定中心的结论，而未采信由黄静父母提供的南京医科大学法医司法鉴定所书证审查意见书、中山大学法医鉴定中心司法鉴定书所作

---

① 柴会群：《从"证据之王"到"是非之王"——司法鉴定争议录》，载《南方周末》2010 年 1 月 21 日。

② 苏云：《论刑事司法鉴定结论的审查、判断及认定》，载《中国刑事法杂志》2010 年第 6 期。

的结论。[①] 由是可知，尽管医学鉴定具有高度的专业性，但法院作为审判机构可以对医疗鉴定进行制约，此种制约主要表现为法院对于医疗鉴定进行形式上和实质上的审查并进而肯定或者否定鉴定结论本身。从这个意义上来说，虽然“归因”可以制约“归责”，无法归因则无法归责；而“归责”也可以制约“归因”，可以肯定或者否定归因，两者之间存在制约与反制约的关系。当然，“归责”对于“归因”的制约是根本性的，因为法院可以否定医学机构的鉴定结论，而医学机构却无法否定法院的“归责”，另外，即便法院认可鉴定结论的“归因”，是否“归责”仍然由法院自主独立认定而不受鉴定结论的限制。

五、归因与归责划分的必要以及意义

在刑事医疗诉讼中，鉴定机构与法院角色和功能的混乱实质上是混淆了归因与归责，归因与归责是两种位阶不同、性质不同的判断。陈兴良教授深刻地指出：“归因与归责是不同的，归责当然以归因为前提，但归因不等于归责。”“更为重要的是，因果关系是一个事实问题，它所要解决的是行为与结果之间的某种关系，因而因果关系是一种形式判断。……归责判断是一种实质的判断、规范的判断……”[②]尽管陈兴良教授所说的归责是“客观归责”而不同于本书意义上的归责，但其对归因与归责关系的认定可谓一语中的。在涉及医疗纠纷的诉讼中，法院判决完全依据鉴定机构所作出的结论的做法实质上就是将归因等同于归责，完全忽视了两者是两种性质截然不同的判断。有学者认为：“归因与归责之间的划分，是基于一种必须对事实上的或自然科学上的因果关系与法律上的可归责性进行区分的固有信念而得出的结论。这样的出发点多少有些问题。……就刑法因果关系的判断而言，归因并无独立的意义，它从根本上服务于归责。换言之，归因是归责的有机组成部分，而不是与归责相并列的独立因素。”[③]就因果关系判断而言，归因的确是“归责”的有机组成部分而非二元对立的关系，许玉秀就指出，作为“归因”判断的“条件理论其实包含了所有客观归责理论所需要的一切判断公式，将条件理论称为客观归责理论并无不可”。[④] 此种论断，不但是将归因视为归责不可或缺的一环，乃至直接将归因等同于归责！然而笔者在上文中却将鉴定结构与法院的角色定位于归因与归责，岂不是与此矛盾?！要解决此种困惑，必须将“归责”一词进行准确的界定。在各种刑事法学的文献之中，“归责”与

① 参见《黄静案判决书》，《湖南省湘潭市雨湖区人民法院刑事附带民事判决书〔2004〕雨刑初字第6号》。

② 陈兴良：《从归因到归责：客观归责理论研究》，载《法学研究》2006年第2期。

③ 劳东燕：《风险分配与刑法归责：因果关系理论的反思》，载《政法论坛》2010年第6期。

④ 许玉秀：《主观与客观之间——主观理论与客观归责》，法律出版社2008年版，第206页。

"客观归责"、"主观归责"频现，令人眼花缭乱。撇开封建时代客观归罪、主观归罪意义上的"客观归责"与"主观归责"不谈，现代刑法意义上的"归责"主要是在大陆法系三阶层犯罪论体系意义上使用的。所谓归责，乃译自德文"zurechnung"，其本意为"归属于何者"，故日文译成"归属"，在中国大陆以及台湾地区译成"归责"或"归咎"。① 秉承"违法是客观的，责任是主观的"法则，这一体系判断的进路是从客观到主观、从"客观归责"到"主观归责"的逻辑关系。换言之，构成要件该当性和违法性判断是客观判断，也就是"客观归责"，而有责性是主观判断，亦即"主观归责"。从大陆法系所使用的"归责"的本源意义上来说，实质上是回答一个问题：该结果是行为造成的吗？如果是，则该结果可以"归责"于行为，如果不是，则否定"归责"。"客观归责"（也称为客观归属）就是在这个意义上使用的。至于"主观归责"回答的是：该行为人值得谴责吗？亦即行为人可谴责性的问题，这与行为人的主观恶性、责任能力、期待可能性等主观性要素相关，因而被称为"主观"归责。由是可以看出，大陆法系所使用并转译过来的归责概念因为犯罪论体系上的差异而与我国使用的"归责"意义大为不同。在大陆法系犯罪论体系上，归责并不是犯罪成立后的刑事责任的追究，而是犯罪认定过程中的犯罪成立条件或要素。显然，本书所使用的"归责"不同于德日三阶层理论体系上的"归责"，前者是是否成立犯罪并进而追求刑事责任的判断，后者是犯罪成立某个条件的判断（如该当性或有责性的判断），前者是整体判断，后者是部分判断。简言之，本书（通常意义）的"归责"应是指行为人的行为已经成立犯罪进而追究其刑事责任，因而"归责"的判断以是否满足犯罪成立的全部要件为限，而大陆法系理论体系中"归责"是指"客观归责"抑或"主观可谴责性"，而非犯罪成立要件的全部，故应当注意该词在不同语境中意义的转换。行文至此，结论随之而来：我们所使用的"归因"与德日理论体系一样，即行为与结果之间引起与被引起关系的判断；而我们所使用的"归责"与德日理论体系大为不同——"归责"是犯罪是否成立（全部条件）的判断。因此，归因是部分判断，归责是整体判断，归因是归责的前提，归责尽管依赖于归因但又独立于归因。区分"归因"与"归责"不但重要而且必要，归因与归责的划分为鉴定机构和法院的角色划分和职责划定提供了理论依据。

① 许玉秀：《主观与客观之间——主观理论与客观归责》，法律出版社 2008 年版，第 206 页。

第四章 专断性医疗行为违法性:患者同意的体系定位与认定

第一节 被害人同意理论在犯罪论体系上定位

一、被害人同意理论在德日三阶层体系上的定位

罗马法谚有云:“Volenti non fit injuria”(得承诺不违法),这是被害人承诺阻却违法的源点。一方面,被害人承诺行为人侵害其法益,意味着被害人放弃了该法益的保护,损害被放弃保护的法益,因而不具有违法性。从另一方面而言,被害人承诺是被害人行使自我决定权的体现,表明被害人对具有处分权的法益行使处分权,因而阻却违法。在被害人承诺理论内部,存在是否区分“同意”和“承诺”的争议。最早将同意和承诺予以区分的是盖兹(Geerds),根据他的观点,违法性阻却的同意(承诺)与构成要件阻却的合意(同意),所起的作用是不同的。承诺与同意在是否处罚未遂、认识错误以及在犯罪论体系上的定位均存在明显区别。[①] 我国台湾学者林钰雄也认为:“被害人之同意或承诺,在刑法上判断的效果可以略分:阻却(排除)构成要件该当之同意,以及阻却其违法性之承诺。”[②]将承诺和同意予以区分并且赋予其在犯罪论体系上不同的定位的观点称为“二元论”。与“二元论”观点形成鲜明对照的是“一元论”。该观点主张,不能对“承诺”或者“同意”作出有效区分,而且这种区分并没有实质性的意义,至于被害人承诺究竟是一种排除构成要件该当性事由,还是排除违法性事由,则存在争议。[③] 张明楷教授认为,被害人承诺阻却行为的违法性[④],而林东茂教授则认为,被害人承诺或者同意皆阻却构成要件该当性。[⑤] 综合上述观点可以看出,

① 参见张明楷:《外国刑法纲要》(第二版),清华大学出版社 2007 年版,第 180 页。

② 林钰雄著:《新刑法总则》,中国人民大学出版社 2009 年版,第 214 页。

③ 转引自车浩:《论推定的被害人同意》,载《法学评论》2010 年第 1 期。

④ 张明楷:《刑法学》(第四版),法律出版社 2011 年版,第 217 页。

⑤ 林东茂:《医疗上病患同意或承诺的刑法问题》,载《中外法学》2008 年第 5 期。

二元论实质上是将被害人承诺分为两个部分（区分承诺和同意），其中一部分在构成要件该当性中讨论，另一部分在违法性中讨论。而一元论将被害人承诺视为一个整体，要么在构成要件该当性中讨论，要么在违法性中讨论。质言之，二元论与一元论的争议可以简化为：被害人承诺是阻却构成要件该当性事由还是阻却违法性事由？这本质上是对被害人承诺在犯罪论体系上的定位存在不同看法。因此可以认为，被害承诺与同意的区分并不重要，重要的是被害人承诺（或同意）的地位问题。笔者也不赞同将被害承诺与同意进行区分：首先，从词义上来说，同意与承诺难以区分。自Geerds将同意和承诺予以区分之后，如何在实践中正确区分两者成为难题。同意与承诺在语义上的细微差别导致如何真正区分二者成为"不可能完成的任务"。日常用语中的"同意"可能是法律意义上的"承诺"；反之，日常用语中的"承诺"也可能是法律意义上的"同意"。并且，诸如"我答应你"、"我同意你"或者"我承诺你"等诸种表述不但使得试图区分该类表述的人绞尽脑汁，而且容易形成对于该种区分作任意解释。概言之，"同意"与"承诺"之间因为缺乏明确的、具有区分意义的内涵与外延，从而导致在词义上区分十分困难，即便在某一具体的场合能作出区分，这种区分也并不具有普遍性的意义。其次，从功能上来说，区分同意和承诺没有必要。二元论者之所以区分同意和承诺，是因为二者具有不同的定位：同意阻却构成要件该当性，而承诺阻却违法性。但这种区分也是极为困难的，例如，经被害人同意（或承诺）而将其财物毁损的行为，既可以评价为不符合构成要件的行为，也可以评价为阻却违法性的行为。因此，在功能上来说，区分同意和承诺不但不易，而且意义不大。最后，从结果上来说，区分承诺和同意根本目的在于厘清两者在犯罪论体系上的不同定位，这与一元论观点不谋而合，并不存在本质上的区别，也就是说，对承诺和同意不作区分同样必须讨论被害人同意定位这一根本性问题，因而将两者予以区分显得没有必要了。"Geerds的观点早已经介绍到日本，但基本上没被日本学者所接受。"①本书也认为，既然"二元论"与"一元论"本质上都是讨论被害人承诺的定位问题，那么将承诺与同意进行区分不但会造成司法者处理问题的不经济，而且会引起理论上不必要的争议，不如直接采纳"一元论"来得简单实用。

本书持"一元论"立场，并将被害人承诺认定为违法性阻却事由。第一，被害人承诺犯罪论体系定位的不同反映了对被害人承诺本质的不同理解。关于被害承诺的本质，主要有法律行为说、利益放弃说与保护放弃说（两者也可并成为法益说）、利益衡量说等学说。② 法律行为说认为，被害人承诺实际上是给行为人实施一定侵害行为

① 张明楷著：《外国刑法纲要（第二版）》，清华大学出版社 2007 年版，第 181 页。

② 参见张明楷：《外国刑法纲要》（第二版），清华大学出版社 2007 年版，第 182 页。

的权利，在这个意义上，侵害行为是一种法律行为。利益放弃说与保护放弃说认为，被害人承诺实际表明被害人放弃了自我的权益，因而使之不存在法律保护的利益。利益衡量说则认为，被害人承诺，是在同一主体即被害人的内部进行利益衡量，由于同意所体现的自我决定这种利益，优于所被侵害的利益，从而实现被害人承诺正当化。① 在上述关于被害人承诺本质探讨的学说中，占优势地位的是利益说与利益衡量说。对被害人承诺本质理解的不同直接导致对被害人承诺体系上定位的差异。在阶层化犯罪论体系中，构成要件该当性致力于犯罪类型化与定型化，即符合构成要件该当性的行为原则上侵害了法所保护的某种利益，因此，若不存在法所保护的利益或者利益主体放弃了法益，则不存在法益的侵害，因而不符合构成要件该当性。从这个角度来说，构成要件该当性判断的功能本质上在于法益保护，若将被害人承诺本质理解为法益的阙如，自然只能将被害人承诺认为是构成要件该当性阻却事由。"若是认为由于法益主体的有效的同意使法益失去了其保护性的话，已然是法益侵害本身被否定，构成要件该当性本身也被否定，这样被害人同意就成了构成要件不该当事由。"②在违法性领域，利益衡量说是诸如紧急避险等正当化事由之正当化根据，换言之，利益优越是阻却违法性的根据之一。若将被害人承诺的本质理解为基于利益优越而正当化，自然使得被害人承诺在违法性领域讨论而成为违法阻却事由。综上所述，对被害人承诺在犯罪论体系的定位不同来源于对被害人承诺本质的不同理解，支持何种本质学说直接导致采取何种定位理论。第二，笔者认为被害人承诺的本质在于利益衡量，因而将被害人承诺理解为违法性阻却事由。被害人承诺意味着被害人对自我权益的处分，是自我决定权的体现。自我决定权是法定的或者可以从法律规定析出的人之不可分割的权利，人之权益本身与处分该权益的自由都属于人之不可分割的利益，均受法律保护。自我决定权是被害人承诺的理论根基和正当化根据之一。人对自我权益的处分并非是无限的，也就是说人的自我决定权并不是毫无限制的权利，限制的根据在于若所处分的权益大于自我决定权本身，自我决定权必然受到限制，这就是利益衡量说的主要内容。这可以用两个公式来表述：

公式 1：被害人承诺（自我决定权）＞所处分的权益⇒被害人承诺有效（即阻却违法）；

公式 2：被害人承诺（自我决定权）＜所处分的权益⇒被害人承诺无效（即不阻却违法）。

---

① 参见［日］曾根威彦著：《刑法学基础》，黎宏译，法律出版社 2005 年版，第 60 页。

② ［日］山口厚著：《刑法总论》（第 2 版），付立庆译，中国人民大学出版社 2011 年版，第 151 页。

这也解释了为何在许多国家和地区,经被害人承诺的重伤行为成立犯罪。这是因为,尽管被害人承诺重伤,但相对被害人的自我决定权而言,重大身体健康显然更为重要,不能自我决定,也即重大身体健康法益大于自我决定权,所以即便存在被害人承诺也不能阻却违法。第三,被害人承诺是被害人的主观意思表示,而被害人的主观意思表示不是构成要件要素。在构成要件该当性领域中,主要讨论行为、结果、行为对象与保护客体等客观性内容,自主观的构成要件要素被发现以后,行为人的故意与过失也侵入构成要件该当性领域,这种侵入使得"违法是客观"的传统理论面临崩溃的境地。但无论是传统的客观构成要件理论,还是融入了行为人故意和过失的构成要件该当性理论,其共同性在于都是以行为人(犯罪人)为模型建立起来的,而被害人的形象并未进入该领域,因为犯罪是行为——更准确地说是犯罪人的行为。因此,被害人承诺作为被害人的一种主观意思表示不是构成要件要素,不应在构成要件该当性领域讨论。另外,被害人主观承诺并不能改变法益损害的客观事实。以医疗手术行为为例,当医生切除病人器官或者肢体以保护病患生命时,该医疗行为虽然经过病患的同意,但并不能改变该行为损害病患身体这一客观事实。同样,经被害人同意的财产毁损,被害人主观同意并不能改变客观上该财产已然损害的事实。也就是说,行为人对被害人法益侵害的事实并不因被害人同意而改变,也即该种行为是符合构成要件该当性行为,至于该种行为是否违法,则不是在构成要件该当性讨论的问题,而需要在违法性领域解决。

二、被害人同意理论在我国四要件体系上的定位

我国学界较少讨论被害人承诺在犯罪论体系上的定位问题,在较为有限的研究中,对于被害承诺的定位大致形成如下观点:(1)由于我国犯罪构成是形式判断与实质判断的统一,所以不存在被害承诺的定位问题。也就是说,被害人承诺与我国犯罪论体系是有机一体的,难以作有效定位和区分。例如黎宏教授认为:"德日的犯罪判断过程,分为两个步骤进行,从形式判断向实质判断合围的所谓构成要件符合性的判断和违法性的判断,在我国的犯罪构成体系中是合二为一的,都存在于犯罪构成符合性的判断中,因此,在我国,讨论被害人承诺到底是属于排除构成要件符合性事由还是排除违法性事由,似乎没有现实意义。"[①]笔者认为,该观点指出了我国犯罪论体系和德日犯罪论体系的不同,因而得出在我国犯罪体系框架内研究被害人承诺在德日刑法上的定位不具有现实意义,这是可取之处。然而,这并不意味着在我国刑法理论中研究被害人承诺在我国刑法体系上的定位不具有现实意义。被害人承诺作为重要

① 黎宏:《被害人承诺问题研究》,载《法学研究》2007年第1期。

的出罪事由，其与犯罪论体系的关系至为重要，这不但涉及被害人承诺这种超法规事由在犯罪论体系上的“安身之所”，也关系到犯罪论体系逻辑上是否周延和自洽，是检验犯罪体系是否完备的“试金石”。以德日刑法理论体系与我国刑法理论体系的不同作为回避研究被害人承诺在我国犯罪论体系上的定位原因，实非务实之举。(2)将被害人承诺定位于犯罪论体系之外，在犯罪概念中讨论。梁云宝博士认为：“若将其(超法规的违法阻却事由)置入四要件犯罪构成中则会虚化超法规的违法性阻却事由之出罪功能，因此，外置于犯罪概念中在对人权价值的贯彻上具有比较优势。”[①]该观点认为若将被害人承诺等超法规阻却事由内置于犯罪论体系之内讨论，将导致犯罪论体系混乱，是“缘木求鱼”之举，并认为应当将其外置于犯罪概念之中，发挥犯罪概念的实质违法性判断功能。在笔者看来，尽管将被害人承诺内置于四要件犯罪论体系之中的确存在一些问题，但相对将其外置于犯罪论体系而言具有可取性，原因在于：将被害人承诺置于犯罪论体系之外，使得犯罪认定二元化，即在四要件体系之外另寻出罪标准，致使定罪一元化标准崩溃，最终将导致罪刑擅断和损害人权。犯罪概念的确具有一定的实质违法性判断机能，但将诸如被害人承诺等超法规违法阻却事由判断均由犯罪概念来承担，将导致犯罪概念“难以承受之重”。此外，更会产生另一棘手问题：既然犯罪概念承担了出罪判断功能，它与犯罪构成是何种关系？因此，将被害人承诺等超法规违法阻却事由定位于犯罪论体系之外，不但不能解决问题，反而产生新的难题。(3)将被害人承诺定位于犯罪论体系之内，并将其纳入犯罪客体。例如，有学者认为，“犯罪客体之价值判断只能是法益以及法益的受损程度。……就被害人承诺理论而言，被害人承诺是基于被害人的有效承诺作出的行为，这种行为的损害性是必然的，但是这种损害是为被害人所允许的，其暗含的意思就是被害人自我放弃的权利的损失……”[②]该观点将被害人承诺置于四要件体系之内讨论，避免了定罪标准二元化，这是值得称道的。但是，将被害人承诺置于犯罪客体之中则不无疑问。根据我国刑法通说，犯罪客体是刑法所保护的社会关系，在一定程度上，犯罪客体也可以等同于“法益”。这种“客体”或者“法益”是犯罪行为所侵犯的对象。而被害人承诺实质上是被害人的自我决定，即被害人对自我权益的一种处分，是被害人的权益。换言之，犯罪客体是犯罪人所侵犯的而为刑法所保护的对象，而被害人承诺是被害人所享有的自我决定权利，两者在主体、内容、性质上存在明显区别，并不具有相容性。因

① 梁云宝：《超法规违法阻却事由之外置化——四要件犯罪论体系下的定位》，载《法学评论》2011 年第 6 期。

② 凌萍萍：《立体犯罪构成下的被害人承诺理论——刑法效力视角下的探讨》，载《苏州大学学报(哲学社会科学版)》2009 年第 6 期。

此,将被害人承诺定位于犯罪客体之中并不可取。(4)将被害人承诺置于四要件之中,并将其置于犯罪客体或者犯罪客观方面之中。车浩博士认为,“同意由于是法益主体对法益的自由支配,因而从一开始就不存在法益的侵害,而行为人的行为也不是一种侵害行为,……那么显然,得到被害人同意的行为并没有侵害法益,当然也就没有侵害这里的‘犯罪客体’”。除此之外,车博士也对将被害人承诺置于犯罪客观方面中进行了论证。“当然,近年来也有不少学者主张从四要件中去除犯罪客体,但是即便如此,一元论同样可以从同意排除犯罪的客观方面来使其正当化。因为得到同意而为的行为是符合法益主体的意愿的,这种意愿不仅消除了结果无价值,也消除了行为无价值,使其不能再称为刑法意义上的犯罪行为,或者说,不是刑法分则的构成要件中所规定的行为类型。”[①]在上文中,笔者已经对不能将被害人承诺置于犯罪客体中进行了论证,在此不再赘述。至于将被害人承诺置于犯罪客观方面中讨论,是本书所赞同的,理由如下:

首先,将被害人承诺置于犯罪构成四要件体系之内讨论是避免定罪二元化、坚守罪刑法定的唯一路径,这是首要问题。至于被害人承诺问题具体属于四要件中哪个方面的构成要件,则是第二层次问题了。因此,将被害人承诺置于犯罪构成之外讨论是本书所反对的。尽管我国犯罪体系迥异于德日阶层化犯罪论体系,德日阶层化体系较好地解决了被害人承诺的定位问题,但这并不意味着需要引进阶层化体系或者对我国犯罪论体系进行改造才能解决被害人承诺的定位问题。引进或者改良犯罪论体系来为被害人承诺提供生存空间,是成本颇高的做法,有舍本逐末之嫌。在既有的犯罪论体系框架之内寻求解决之道,才是明智之举。

其次,将被害人承诺问题定位于既有犯罪论体系中这一大方向确定之后,要解决的问题是:被害人承诺究竟应当属于何种要件?笔者尝试用排除法来分析。第一,犯罪主观方面研究的是行为人的故意和过失问题,与作为犯罪对象的被害人无关,因此不能将被害人承诺置于犯罪主观方面。第二,犯罪主体主要探讨行为人的责任能力问题,也与被害人无关,故不能将被害人承诺置于犯罪主体讨论。第三,关于被害人承诺不能置于犯罪客体讨论在上文中已经论证,在此不再赘述。第四,在上述三个要件均不能定位被害承诺的情况下,被害人承诺问题只能在犯罪客观方面讨论了。通过简单的排除法可知,在将被害人承诺理论定位于犯罪论体系之中的前提下,只能将被害人承诺置于犯罪客观方面。

最后,在犯罪客观方面要件中,主要有行为、结果、因果关系等构成要件要素,那

---

① 车浩:《论被害人同意的体系性地位——一个中国语境下的“德国问题”》,载《中国法学》2008年第4期。

么被害人承诺问题究竟应置于那个要素中讨论？在德日刑法体系之中，笔者将被害人承诺定位于违法性阻却事由，即被害人承诺属于被害人自我决定和处分，不具有违法性，因而不是犯罪，其背后的法理根基在于利益衡量原则。应当指出的是，这是所说的阻却违法性，是阻却了行为人行为的违法性，而不是说阻却了被害人承诺的违法性。简而言之，即被害人承诺阻却了行为人行为的违法性。因此，被害人承诺尽管属于被害人的主观意思表示，在其与犯罪论体系的关联中，连接点在于其与(犯罪)行为发生关系。被害人承诺是被害人自我决定权的表现，虽然是由行为人实施一定的行为毁损被害人法益，在一定的范围内(不超越处分权限)视为权利人(即被害人)处分自己的权益，不具有违法性。尽管我国犯罪论体系与德日体系存在较大的差别，但这种原理可以毫无障碍地转换至我国犯罪论体系之中。在犯罪客观方面要件中，行为要素一般是指“危害行为”，即行为必须是客观上侵害法益的行为，否则不是刑法意义上的行为。刑法既不关心也不评价没有任何法益损害(危险)的行为。所以，刑法上的行为判断重点和难点在于行为的法益损害性，进入刑法评价领域的行为，都是损害一定法益的行为，否则不是刑法评价对象。既然刑法上行为的核心特征在于法益损害，否定了行为的法益损害性则可以直接否定其是刑法意义上的行为，进而可以否定其构成犯罪。被害人承诺正是可以凭借这一原理而附着于行为，即经被害人承诺而实施的行为不是刑法意义上的行为，原因在于：被害人承诺是被害人处分自我权益的合法行为，行为人经被害人承诺后对被害人实施的权益“损害”与被害人自我处分并无差异，不能称之为“损害”，既然没有法益损害，则自然不存在刑法意义上的行为。将被害人承诺置于犯罪客观方面要件，并将其置于行为要素之中，可以较好地在我国犯罪论体系上解决其定位问题，既保证了犯罪构成定罪的唯一性，也不至于对犯罪论体系作较大的改动，是处置成本最低也是最容易接受的方案。

由于犯罪论体系的不同，导致被害人承诺犯罪论体系上的定位存在差异，但被害人承诺法理根基却是相同的，即利益衡量。在德日刑法理论体系中，被害人承诺是违法性阻却事由，在违法性领域讨论。从这个意义上来说，经被害人承诺的行为，是符合构成要件该当性的行为，但不符合违法性要件。在我国犯罪论体系中，由于并不存在违法性判断阶段，故不能在违法性领域中讨论被害人承诺问题，但这并不意味着被害人承诺无法在我国四要件体系中定位。将被害人承诺问题内置于犯罪论体系之中有利于维护定罪标准的唯一性和维持罪刑法定原则；将被害人承诺置于构成要件之外将导致定罪标准二元化并有损罪刑法定原则。因此，将被害人承诺内置于四要件体系之中，且置于犯罪客观方面的行为要件之上，既解决了犯罪论体系上的周延问题，也实质性地发挥了被害人承诺的出罪机能，是对于被害人承诺定位问题的较好解决之道。被害人承诺的定位问题犹如一个强辐射源，其可以辐射到诸如正当防卫、紧急避险等整个违法阻却事由。对被害人承诺的准确定位对于厘清超法规阻却事由性质、地位等问题具有纲领性意义。

第二节　被害人的同意能力

一、被害人同意能力的含义

对于有效的同意而言,同意能力是关键。如何界定同意能力?或者说,什么情况下的同意具有效力?对于被害人的同意能力,学界并没有形成统一的较为一致的概念,多以参照刑事责任能力来推定同意能力,换言之,一般认为具有刑事责任能力即可认定具有同意能力。然而,被害人的同意能力与行为人的刑事责任能力是两个相近但区别明显的概念:同意能力的主体是被害人,而刑事责任能力的主体却是行为人(犯罪人)。被害人的同意能力要解决的是被害人对法益的处分能力,而刑事责任能力所指向的是行为人侵害法益的能力,两者显然不同,不能混为一谈。更进一步来说,责任能力是一种禁止性规范的要求,而同意能力是希望设定一种允许性规范。二者在辩认、控制的对象以及规范要求的方向、角度和程度上是不同的。[①] 对于刑事责任能力而言,辨认和控制能力是其核心内容。所谓辨认能力,是指行为人对事物本身以及规范意义的把握;控制能力则是支配自己行为的能力。由于刑事责任能力是针对行为人(犯罪人)侵害行为而言的,所以这里的辨认能力,是对侵害对象、侵害行为性质的认识和把握,而控制能力则是支配自己是否以及如何实施侵害行为的能力。既然同意能力与刑法上的刑事责任能力是两个性质不同的概念,那么同意能力是否可以参照民法上的行为能力来设定?在大陆法系刑法理论中,同意能力不能等同于民法上的行为能力,已经得到了较为普遍的承认。日本学者西原春夫认为,有效同意的能力与民法上的行为能力或刑法上的责任能力,其范围不同。[②] 我国台湾学者甘添贵认为,"同意能力,与民法上之行为能力及刑法上之责任能力无关"[③]。韩国学者李在祥认为,"被害人的同意能力与民法上的行为能力相区别,并由刑法的对立标准来决定。故这以被害人具有认识法益意义与其侵害结果,并能理性判断的自然的洞

① 车浩:《论刑法上被害人的同意能力》,载《法律科学》2008年第6期。

② 马克昌:《比较刑法原理》,武汉大学出版社2002年版,第413页。

③ 甘添贵:《刑法之重要理念》,台湾瑞兴图书股份有限公司1996年版,第78页。

察能力和判断能力就足够”[1]。与德日刑法理论区分同意能力与民法行为能力不同，国内学者认为刑法上的同意能力应当参照民法上行为能力进行界定。例如，有学者认为，作出同意的被害人必须达到一定的年龄。年龄的确定，如果刑法有规定的，应以刑法的规定为准，如果法律没有规定，应当以民法通则中关于民事行为能力的年龄规定为标准。[2] 国内学者之所以认为同意能力应当参照民法上的行为能力进行界定，主要是考虑民刑二法之间的协调性，认为作为法益的保护法而言，只是保护方式、手段和力度不同罢了，不存在本质上的差别。[3] 笔者认为，将被害人的同意能力概念等同于民法上行为能力概念的做法不但早已被德日刑法理论所抛弃，而且使得刑法上的被害人同意能力完全依附于民法上的行为理论而丧失独立品性，不能为本书所赞同。

从上述分析可知，被害人同意能力的界定既不能完全参照刑事责任能力概念，也不能将其完全等同于民事行为能力。简而言之，被害人同意能力应当具有自己独立的内涵和品性。有学者认为：“同意能力的确定没有统一的标准，既不能从刑事责任能力中直接推导，也不以民法上的行为能力为必要。在刑法有明确规定的情况下，以刑法规定为准；在没有法律规定的情况下，不能简单照搬刑事责任能力和民事行为能力的标准，而是应当具体考虑行为人的年龄和心智状况，结合案件发生的具体场景以及被害人支配的具体法益，综合考量加以确定。”[4]该观点认识到了刑法上被害人同意能力的独特性，主张法有明文规定从法，法无明文规定应当具体问题具体分析，不存在统一标准。显然，该观点考虑到了被害人同意能力认定的困难性，并提倡根据复杂的现实情况灵活应变。对于该观点所提倡的“法有明文规定的应当依照法律规定”笔者是赞同的，与此同时，笔者认为此说注重理论应用的灵活性而忽视了原则性。作为公认的超法规犯罪阻却事由之一，同意能力的设定若无较为统一的、客观的可操作性标准，被害人同意理论有可能成为司法者手中的“橡皮泥”，有擅断并有侵害人权之虞。被害人的同意能力本质上是一种处分能力，是对其所能支配法益的一种处分。被害人能否恰当地处分自己的权益取决于被害人对权益的认识以及处分行为的控制，而这与被害人的年龄与精神状况相关。从这一点来说，被害人的同意能力也可以归结成辨认能力和控制能力。而辨认与控制能力主要由被害人的年龄和精神状况决定。笔者认为，尽管同意能力不同于刑事责任能力和行为能力，不能将他们视为完全

① ［韩］李在祥：《韩国刑法总论》，中国人民大学出版社 2005 年版，第 240 页。

② 王政勋：《正当行为论》，法律出版社 2000 年版，第 459—460 页。

③ 参见徐岱、凌萍萍：《被害人承诺之刑法评价》，载《吉林大学社会科学学报》2004 年第 6 期。

④ 车浩：《论刑法上被害人的同意能力》，载《法学科学》2008 年第 6 期。

相同的概念，但同意能力、刑事责任能力与行为能力之间的确认机理大致是相通的，即主要是通过人的年龄和精神状况来确定。因此，在刑事法领域，对于被害人同意能力的确认应当遵循如下原则：第一，法有规定的应当遵从规定。这是罪刑法定原则下必然引申出来的规则。第二，在没有明文规定的情况下，应当从年龄与精神状况的视角来确定同意能力。虽然法律对于同意能力的年龄以及精神状况没有规定，但并非毫无依据可循，现有的关于责任能力以及行为能力的规定可以为之提供借鉴。概言之，虽然同意能力与刑事责任能力与行为能力内涵与功能存在差别，但同意能力可以在吸收和借鉴后者（刑事责任能力与行为能力）的基础上予以界定。刑事责任能力与行为能力关于年龄的规定可以间接体现行为人的辨认和控制能力，这正是确认同意能力的核心内容。本书认为，在借鉴刑事责任能力和行为能力的合理内核上来确认同意能力避免了同意能力确认的任意性，使得同意能力的确定有迹可循，从而更加科学和合理。

二、刑法上被害人同意能力的认定

（一）法有明文规定者应当遵从法律规定

自罪刑法定原则成为现代刑法的铁则之后，对刑法而言，“法律（刑法）规定”一词具有了至高无上的不证自明的意义，即凡刑法有规定者均应从现有规定。对于被害人同意能力确定而言，也应当遵从这一准则。换言之，确定被害人同意能力首要原则是遵循刑法规定，只有在现行刑法没有规定的前提下才有探讨如何设定的余地。对于刑法上明文规定同意能力主要是性行为的同意能力。我国刑法第 236 条规定，奸淫不满 14 周岁的幼女的行为以强奸论。并且，2003 年 1 月 24 日最高人民法院又颁布了《关于行为人明知是不满十四周岁的幼女，双方自愿发生性关系是否构成强奸罪问题的批复》，该批复明确规定，行为人明知是不满十四周岁的幼女而与其发生性关系，不论幼女是否自愿，均应依照刑法第二百三十六条第二款的规定，以强奸罪处罚。此规定以及司法解释表明，对于女性的性的同意能力而言，年满 14 周岁是同意能力的起点，换句话说，刑法明文规定排除了未满 14 周岁女性性的同意能力，被害人未满 14 周岁对性行为的同意无效，不能阻却强奸罪的成立。

（二）在法无明文规定的情况下应当分别判断

既然是“超法规”犯罪阻却事由，法律对同意能力作出明文规定是例外，没有规定才是常态。在法律没有对同意能力作出规定的情形之下，应当根据被害人同意处分的内容对同意能力做不同的设定。罗克辛教授针对推定同意指出，推定的标准要进一步细分：与被害人财物有关的推定，……可以适用客观利益权衡的判断原则；而与被害人人格有关的场合，例如为了不延误重要的期限规定，而擅自拆开了同居朋友的信件，这时的判断标准则不能依据一般的利益衡量，而是要有合理证据表明被害人的意愿会是如此。[①] 尽管推定同意和同意存在明显的区别，但两者都属于被害人同意这一大的理论范畴，具有相同的机理，因而罗克辛关于推定同意针对不同法益时应当作不同的界定值得借鉴。罗克辛将推定同意的对象分为与财产有关的利益和与人格有关的利益，事实上，被害人同意所处分的对象，无外乎两类，即与人格相关的利益和与财产相关的利益，而他人利益以及公共利益不能作为被害人同意的对象。被害人同意能力的确定，应当从这两个方面展开。

1. 与财产有关的利益

被害人同意处分的对象首先是与财产有关的利益。我国刑法对于与财产有关的犯罪主要集中在第五章侵犯财产犯罪。对于财产犯罪而言，其共同点在于行为人排除了被害人对财产的占有或者所有，因此，若被害人同意行为人取得自己的财产，则不构成与财产有关的犯罪。问题是：被害人对自己财产的处分的同意在何种情形下应认定为有效？根据被害人同意能力的构造可知，若被害人对自己所有的财产性质和价值具有认识，并能控制自己的行为即可。而且，由于对财产价值的认识是被害人正确“控制“（处分）的前提，于是，对于财产的处分的同意能力可以归结于，何种被害人对自我财产的性质具有正确认识？由于财产类别、性质多样，不同的人对财产性质和价值认识情况不同，故不能一概而论。笔者认为，由于被害人同意是阻却犯罪事由，故被害人同意处分的财产应当具有犯罪成立可能性。根据我国关于侵犯财产犯罪的规定（共计 13 个罪名），除抢劫罪以外，对财产数额均有所要求，即侵犯的财产数额应当达到一定标准才可能构成犯罪。[②] 由是可知，在刑法理论中，被害人对财产的同意前提是对财产有所认识，并且这种认识实质上是对财产价值（是否达到一定数额）的认识。换言之，若被害人能够清楚认识到财产的价值数额达到一定程度，则意味着被害人具有同意的能力。因此，被害人不但应当认识到有财产，并且特别要求认识到所处分的财产达到了一定量的要求，由于“量”精确值会根据罪名的不同有所变化，不宜做准确限定，只能以“数额较大”代之。被害人对可能成立犯罪的数额较大财

---

① [德]罗克辛：《德国刑法学　总论（第 1 卷）》，王世洲译，法律出版社 2005 年版第 532 页。

② 在共计 13 个财产犯罪的罪名中，除抢劫罪、挪用特定款物罪、破坏生产经营罪之外均有“数额”的规定。抢劫罪因为侵犯人身权利，故对财产的数额不作要求。挪用特定款物罪要求“情节严重”；破坏生产经营罪对数额和情节均无规定。实际上，挪用特定款物罪和破坏生产经营罪对于犯罪行为针对的数额也有一定要求。以挪用特定款物罪为例，挪用极少数额的款物（如一袋面粉）肯定不成立犯罪。至于破坏生产经营罪虽然无任何规定，但实质上毁坏的“机器设备和耕畜”也是具有一定价值的，轻微损坏不会影响生产经营也就不成立犯罪，这也意味着另一种形式的“数额”要求。从这个角度来说，侵犯财产犯罪除抢劫罪以外，均有数额要求。

产的认识应当借鉴民事行为能力和刑事责任能力的规定来确定。本书认为,作为可供操作的一般性准则,对被害人财产的处分的同意能力可作如下设定:

(1) 无民事行为能力无财产同意能力。由于无民事行为能力(10 岁以下),对财产特别是对财产的数额难以认定,故应排除其同意能力。

(2) 10 岁至 16 周岁的人,虽属于限制民事行为能力人,但也不应当认定其同意能力。根据我国刑法规定,未满 16 周岁的人一般不能成立侵犯财产犯罪(抢劫罪除外),故未满 16 周岁的被害人不应当具有财产处分的同意能力,也即该种情况下的"同意"不具有效力,不能作为犯罪阻却事由,这不但有利于保护被害人的财产权利,也不至于枉纵犯罪嫌疑人。

(3) 年满 16 周岁的被害人具有同意能力,这与财产犯罪的刑事责任能力规定相一致。

对上述规则,笔者作如下说明:第一,在前文中笔者论证了被害人同意能力不能等同于刑事责任能力和民法上的行为能力,但并不意味着不能借鉴它们的规定来对同意能力作出设定。在正常的精神状态下,被害人是否对财产具有同意能力客观上表现为年龄的不同,也就是说,同意能力可以随着年龄的变化而发生改变。第二,"不具有同意能力"并不意味着被害人不能处分任何财产。上文中已经明确指出,刑法上被害人关于财产的同意能力是指对一定数额财产的处分,这意味着若被害人处分了与自我年龄相符合的、没有达到刑法保护要求的财产,刑法并不关注,且在民法上具有法律效力。第三,尽管我国民法规定年满 18 周岁属于完全民事行为能力人,但并不能以此来设定同意能力。刑法上的同意能力旨在宣示被害人的自我决定权,而民法上的行为能力的规定旨在保护财产以及交易的稳定,两者具有不同的功能和指向,不能混为一谈。在笔者看来,既然年满 16 周岁的行为人可以成为所有财产犯罪的犯罪主体,意味着年满 16 周岁的自然人对所有财产犯罪的对象均有所认识,这种认识当然包含了财产的性质和价值的认识,因此,以年满 16 周岁作为同意能力的起点较为恰当。

2. 与人身有关的利益

对于与人身有关利益的犯罪,主要集中在刑法分则第四章侵犯公民人身权利罪。在刑法上,"与人身有关的利益"是一个内涵较为宽泛的概念,具体包括生命、健康、性自由、人身自由、名誉权、通信自由、婚姻自由等,侵犯不同类别的人身权益则构成相应的不同的犯罪。在上述诸种法益中,刑法对侵犯性自由犯罪的同意能力已有明文规定。除此之外,刑法并未对其他与人身有关利益的同意能力予以规定,这正是理论的难点和本书需要探究的地方。在笔者看来,在法律没有明文规定的前提下,对同意能力的界定不能任意凭空想象,应当在借助既有法律规定的前提下,吸取其精神内核,把握同意能力的实质特征对其进行界定。因此,笔者将与人身有关利益的同意能力大致分成以下几个类别。

(1) 对性自由的同意能力

因为法律对性自由的同意能力已作规定,故只能依此规定。也即,被害人年满14周岁是女性具有性自由同意能力的边界,未满14周岁女性不具有性的同意能力。“不满14周岁的幼女和精神障碍者对性权利无承诺能力,即使存在其承诺也不能阻却行为人构成强奸罪。这主要是由于幼女和精神障碍者存在心智方面的不足,不能正确理解承诺的内容和意义,其承诺能力的欠缺导致了承诺的无效。”①

(2) 对生命的同意能力

我国法律对于被害人是否可以承诺放弃生命并无明文规定。在其他国家或者地区,存在着相关规定。如日本刑法第202条规定:“教唆或者帮助他人自杀,或者受人嘱托或者得到他人的承诺而杀之的,处六个月以上七年以下惩役或者监禁。”由此可以看出,经过被害人同意而杀死被害人的行为,在日本是成立杀人罪的,被害人同意只是减轻处罚事由,而非阻却犯罪事由。德国刑法第216条规定了“基于要求的杀人”,认为“如果某人基于被杀者明确和认真的要求决定杀人的,处六个月以上五年以下的自由刑”。可以看出,德国刑法与日本刑法关于被害人对放弃生命的承诺相似:是刑罚减轻事由而非犯罪阻却事由。在我国刑法理论和司法实践中,可以肯定的是,自杀不构成犯罪,但帮助自杀可以构成犯罪。张明楷教授就认为:“对于不具有间接正犯性质的教唆、帮助自杀的行为,我国的司法一般作为情节较轻的故意杀人罪处理。……司法实践的上述做法具有妥当性。”②不过,教唆和帮助自杀和被害人承诺被杀并不是同一个问题,这从日本刑法的既有规定可以明确得出。教唆与帮助自杀是从共犯的角度来讨论参与自杀的问题,而经被害人同意杀人,是从被害人的同意是否免除行为人责任的视角来展开的,行为人与被害人之间并不存在共犯问题。质言之,教唆和帮助自杀是被害人自己杀死自己,而被害人同意和承诺杀人,是他人杀死被害人(也即是行为人杀死被害人),故两者并非同一问题。在被害人同意的情况下,行为人杀死被害人之所以可罚,是因为“(被害人)必须经由自己之手执行其自杀决意,而不可借手他人自杀;否则,自杀者的自杀,也仅仅是自杀的决意而已。行为人虽得到被害人的承诺,而加以杀害的行为,乃是对他人自杀决意的执行行为,亦与一般的杀人行为同样抵触了‘不得杀害他人’的禁止规范,而应予以犯罪化,使其成为刑法

---

① 张雪琳:《性行为中的被害人承诺研究——从被害人承诺的角度看性犯罪的认定》,载《广东社会科学》2008年第4期。

② 张明楷:《刑法学》(第四版),法律出版社2011年版,第760—761页。

中的可罚行为”[①]。因此，被害人对放弃自我生命权的承诺不具有免除行为人刑事责任的效力。尽管我国刑法对存在被害人承诺的杀人行为是否构成犯罪欠缺明文规定，但在司法实践中已经存在认定为犯罪（故意杀人罪）的实例。[②] 综上可知，从既有的规定和做法来看，对生命权而言，除自杀以外，其拥有者不具有处分的能力，因而也无同意能力。

（3）对身体健康的同意能力

根据我国刑法的规定，对身体健康的伤害程度分为轻伤、重伤和重伤致人死亡，对于被害人关于身体健康的同意能力而言，一般以轻伤和重伤两种形式展开。当然，“重伤”本就可以涵括一般重伤和有致死可能的重伤。简单来说，对身体健康权益的同意，应对轻伤和重伤予以区分。与对生命的同意相似，我国刑法也未对经被害人同意的伤害行为是否构成犯罪作出规定。对于该问题，车浩博士认为，得到被害人同意的身体伤害行为，原则上不构成故意伤害罪，除非行为人是“以特别残忍的手段致人重伤造成严重残疾的”。并且，他特意强调被害人承诺原则上阻却故意伤害罪的成立，除非对被害人“以特别残忍手段”“致人重伤”并造成“严重残疾”，“以特别残忍手段”、“致人重伤”和“严重残疾”三者缺一不可。[③] 张明楷教授则认为，应当分为三种情形区别对待：其一，被害人为保护另一重大法益而承诺伤害的情形下（如采取合法途径将器官移植给患者），应当肯定承诺的有效性。其二，在单纯伤害的情形下，虽得到被害人承诺，但造成有生命危险重伤的，应当认定为故意伤害罪。同时，张教授指出，所有的“重伤”都是有生命危险的，否则不成立“重伤”。[④] 其三，对基于被害人承诺造成轻伤的，不应认定为故意伤害罪。[⑤] 在德日刑法学界，尽管对该问题存在诸多见解，但形成了一个基本的共识是：身体健康虽属个人法益，但同意能力仍应受到限制。至于从何种视角对被害人关于身体健康法益同意进行限制，则存在争议。《德国刑法典》第228条规定：在被害人同意的情况下所为之伤害行为，仅在该行为尽管被

① 林山田：《刑法各罪论（上册）》，北京大学出版社2012年版，第48—49页。

② 参见陈巧燕、汤薇乔：《被害人承诺的杀人行为性质的认定及处罚——以周海宏等故意杀人案为例》，载《中共福建省委党校学报》2008年第10期。

③ 车浩：《论被害人同意在故意伤害罪中的界限——以我国刑法第234条第2款中段为中心》，载《中外法学》2008年第5期。

④ 笔者并不认同“重伤都是有生命危险的”观点。原因在于，我国刑法第234条第2款规定：“犯前款罪，致人重伤的，处三年以上十年以下有期徒刑；致人死亡或者以特别残忍手段致人重伤或者造成严重残疾的，处十年以上有期徒刑、无期徒刑或者死刑。在该条文中，法律明文区分了“重伤”和“（重伤）致人死亡”两种情形。并且，“（重伤）致人死亡”的情形和“以特别残忍手段致人重伤或者造成严重残疾的”具有相同的危害性，因而处以比“重伤”更高的法定刑。

⑤ 张明楷：《刑法学》（第四版），法律出版社2011年版，第765页。

害人同意也违背善良风俗时,才是违法行为。因此,在德国主张对被害人关于身体法益同意能力限制的视角为“善良风俗”,也就是说,只要被害人对伤害的同意不违背善良风俗,即阻却犯罪。由于日本刑法典对该问题没有规定,因而主张限制的根据不一而足。有人认为,伤害不违反公共秩序、善良风俗时,才是合法的(牧野英一、阿部纯二);有人认为,在可以认为社会也同意了时,才阻却违法性(泷川幸辰);有人认为,对重大的伤害特别是对生命有危险的伤害,即使存在同意,也不阻却违法性(植松正、平野龙一、内藤谦、中山研一);有人则认为,只有按照国家、社会的伦理规范被认为是相当的伤害行为,才是合法的(大塚仁)。① 在我国台湾地区,根据台湾“刑法”第282条规定,受被害人嘱托或得被害人承诺而伤害之,使他人重伤,或因而致死者,构成受嘱托或者承诺的伤害罪。其根据在于,身体法益系一身专属的重要法益,被害人无权承诺舍弃,故经被害人承诺的行为仍具违法性。② 由是可知,肯定被害人对自我身体健康的同意能力并对其进行限制是主流观点。因此,“有限同意能力”是对于身体健康法益处分的常见做法。问题是:“限度”在哪里?或者说:如何对其进行限制?德国刑法典主要用“善良风俗”对被害人同意进行限制,问题有二:其一,善良风俗本身是一个极为含混的概念,用具体内涵不明的善良风俗对精确度要求很高的刑法具体操作规范进行限制,显然不合适。并且,将风俗引入法规范本身就是问题。其二,人身法益属于个人法益,善良风俗属于社会法益,用“善良风俗”来作为是否成立故意伤害罪的判断标准,不但会使得社会利益成为侵犯个人利益犯罪的判断标准,而且将直接导致故意伤害罪保护的法益既有社会法益,也有个人法益,因而存在问题。日本刑法理论主张以公共秩序、国家规范和社会伦理等进行限制,也存在混淆故意伤害罪保护法益的问题,因为故意伤害罪属于针对个人法益的犯罪,将公共秩序、国家规范与社会伦理等社会法益作为故意伤害罪的判断标准,存在疑问。根据我国台湾“刑法”的规定,对于重伤和致死的伤害同意之所以无效,原因在于身体法益属于人身专属法益,被害人无权放弃,但这没有能够解释为什么轻伤害的同意可以阻却犯罪?难道轻伤害同意所针对的不是人身专属法益?!综上可知,各国以及各种学说并未为关于伤害罪的被害人同意能力提供一个标准答案,只是提供了可供选择的各种路径。笔者认为,解决该问题的基本原则是,在遵循“针对身体法益的同意能力应当受到限制”这一基本前提之下,应当根据该国(或地区)的既有法律规定来予以解决,只有在法律没有明文规定的情况下,才允许采用不同的学说进行限制。因此,对于德国和我国台湾地

---

① [日]大塚仁:《刑法概说(总论)》(第三版),冯军译,中国人民大学出版社2002年版,第356页。

② 林山田:《刑法各罪论(上册)》,北京大学出版社2012年版,第95页。

区而言，“善良风俗”和“重伤以及重伤致死”是针对身体健康法益同意的边界，因为“善良风俗”以及“重伤”标准已为刑法所明文规定，违背善良风俗的同意在德国、重伤以及可能致死重伤的同意在我国台湾地区均属无效，不能阻却犯罪的成立——尽管以“善良风俗”和“重伤”作为限制标准存在诸多问题。笔者认为，写入法律的具有代表性的“善良风俗”标准和“重伤”标准是站在两种不同的立场对被害人同意进行限制：“善良风俗”从超个人法益的公序良俗出发，以社会利益来限制个人利益；而重伤则是从个人身体利益出发，以个人的(较重大)利益来限制个人(较轻微)利益。因此，对于不同立场的“善良风俗”和“重伤”限制标准而言，不具有可比性，也不存在孰优孰劣的问题。需要强调的是，“善良风俗”着重于从外部(被害人之外)对被害人同意进行限制，而“重伤”标准则侧重于从内部(被害人自身)对同意能力进行限制。正因为两者是持不同立场的标准，而不是站在同一立场上的针锋相对，这使得折中两者成为可能。因此，笔者认为针对身体健康而言，在没有违背“善良风俗”以及没有造成“重伤”可能的情形下，被害人才具有同意能力。这种“折中”可以在我国刑法既有的规定中找到依据。尽管我国刑法对故意伤害的被害人承诺并未作出规定，但对“重伤”和“违背善良风俗的重伤”却有规定。我国刑法第 234 条第 2 款规定：“犯前款罪，致人重伤的，处三年以上十年以下有期徒刑；致人死亡或者以特别残忍手段致人重伤或者造成严重残疾的，处十年以上有期徒刑、无期徒刑或者死刑。”该条文规定了“重伤”自不必说，对于条文中的“以特别残忍手段”则可以视为“善良风俗”的规定，因为“特别残忍”并不是针对伤害等级的设定，而是针对伤害手段性质的规定，“特别残忍”表明该行为已经超出了一般的、健康的、善良的人所能容忍的限度，其实质上是对代表善良观念的“善良风俗”的违反。[①] 因此，我国刑法关于故意伤害罪的规定实质糅合了“重伤”和“善良风俗”两种标准。依笔者浅见，根据我国刑法现行规定，对于被害人关于身体法益的同意能力可以分列如下：

第一，对轻伤害而言，被害人的同意是犯罪阻却事由，即经被害人同意的轻伤害行为不构成犯罪，这是被害人自我决定权的体现。因为“刑法对个人法益所保护的是法益主体的支配自由，而不是作为单独的构成要件中的客观存在物”[②]。在我国刑法中，对于聚众斗殴罪的规定间接地体现了这一点。根据刑法第 292 条的规定，聚众斗殴造成重伤的，以故意伤害罪论处，而对于轻伤害而言，则不成立故意伤害罪。刑法

---

① 参见车浩：《论被害人同意在故意伤害罪中的界限——以我国刑法第 234 条第 2 款中段为中心》，载《中外法学》2008 年第 5 期。

② Weigend：Ueber die Begruendung der Straflosigkeitbei Einwilligung des Betroffenen, ZSWt98(1986), S. 61. 转引自车浩：《论被害人同意的体系性地位——一个中国语境下的“德国问题”》，载《中国法学》2008 年第 4 期。

之所以做出如此规定，原因在于，参与聚众斗殴的行为对于对方有可能造成一定的伤害具有知晓，既然同意参与斗殴，即可以认为参与斗殴的行为人都承诺了轻伤害后果，在一方造成另一方轻伤害或者双方互有轻伤害时，因被害人承诺而阻却违法性，不成立故意伤害罪。[①] 至于同意能力的具备，应当以被害人年满 16 周岁为限。根据我国刑法规定，年满 16 周岁的自然人才能成立故意伤害罪(轻伤)，并且，16 周岁也是完全民事行为能力人的最低限度(年满 16 周岁且自己劳动收入为主要生活来源)，故以年满 16 周岁作为轻伤害同意能力的起点较为合适。

第二，对于重伤害而言，原则上被害人不具有同意能力，但并不违背善良风俗的除外。由于重伤害是针对被害人身体的严重摧残，对个人存在和社会发展而言，均无任何意义，虽属于个人法益，但国家应当介入而限制个人的自我决定权。从另一角度来说，被害人同意所代表的自我决定权虽值得保护，但重要身体健康法益更值得保护，两害相权取其轻，故舍自我决定权而保护重大身体健康法益。因此，对于重伤害被害人不具备同意能力，也即，得被害人同意而实施的针对被害人的重伤害行为，不能免除行为人责任，构成故意伤害罪。应当指出的是，经被害人同意的重伤害，可能并未违反善良风俗并且对他人或者社会有益时，可以阻却违法。例如，我国刑法第 234 条之一(组织出卖人体器官罪)的第 2 款规定，未经本人同意摘取其器官，或者摘取不满 18 周岁的人的器官的，构成故意伤害罪或故意杀人罪。从该条可以得出，经年满 18 周岁的人同意(真实意思表示捐献器官)而摘取被害人器官的，不构成犯罪。因为该种行为属于被害人自愿捐献，且以其他患者的身体健康为目的，故并不违反善良风俗，因而阻却违法。

第三，致人死亡的重伤害。在重伤害中，又可以分为一般重伤害和致人死亡的重伤害。伤害致死和致人死亡的重伤害是两个不同的概念，伤害致死描述的是伤害后果，而致人死亡的重伤害表述的伤害后果的可能性。简单而言，前者是指伤害行为已经导致被害人死亡，后者是指伤害行为可能导致死亡后果。对于一般性重伤害而言，被害人承诺并不阻却违法，举轻以明重，存在致死可能性的重伤害，被害人承诺更不能阻却违法。

(4) 对其他与人身有关利益的同意能力

除生命、健康权以及性的自由权益以外，与人身有关的其他权益尚包括名誉权、人身自由权、通信自由以及婚姻自由等，笔者将此类权益归于一类，主要基于如下考虑：第一，由于性的同意权利有刑法明文规定，故将其单独列出。第二，对于生命权与健康权，由于被害人对之没有同意权利或者同意权利受到限制，因而将生命权与健康

---

① 参见张明楷：《故意伤害罪司法现状的刑法学分析》，载《清华法学》2013 年第 1 期。

权单列。第三,这里所说的“其他与人身有关利益”,属于与人身相关但相对而言较为轻微的法益,被害人一般对该类权益享有同意权利。在上文中,笔者经过分析得出性的同意能力是14周岁,或许有人认为,既然对于如此重要的权益同意能力设定为14周岁,那么与之相比较轻的其他与人身相关的法益也应以14周岁作出同意能力的起点。对此笔者不能赞同。同意能力本质上是一种处分能力,是被害人对某种权益的处分(丧失),被害人同意理论背后所矗立的是被害人自我决定权,但该种自我决定权不能毫无限制,而对同意权利的限制实质上就是对被害人权益的一种保护。这似乎是一个悖论,同意权利是保护被害人的自我决定权,而对同意权利的限制也是保护被害人的权益,那么哪种权益更为重要?这恐怕只能以利益衡量作为判断标准。也就是说,当要保护的利益大于自我决定权时,同意权利自然受到限制,这也是为什么对于生命权和健康权(重大伤害)被害人不具有同意能力的原因之所在。这也表明,与被害人的自我决定权相比,生命权和重大健康法益显然更为重要,所以被害人对之不具有同意(处分)能力。但对于一般性质的人身权益而言,保护被害人自我决定(处分权)更为重要,因为自我决定和自由处分是人个体自由和存在的重要展示,也即,此时被害人的“自我决定权大于一般性人身权益”。问题是:是否可以在保护被害人的同意权利与保护被害人自身利益之间找到一个合理的平衡?完美的平衡恐怕只是一种虚幻的图景而已,在两者之间寻找一种合理的但具有妥协意味的平衡才是具有现实意义的思考进路。在被害人同意能力的设定之中,年龄和精神状况是两大关键因素,抛开精神状况不谈,年龄因素就具有决定性意义。同意能力年龄设定越小,越不利于被害人权益的保护(包括自我决定权和其他一般人身权益),适当提高同意能力的起点年龄对于被害人恰当行使处分权利以及保护被害人权益具有重要意义。因此,笔者认为不能以年满14周岁作为“一般人身权益”同意能力的起点,这仅仅是法律针对同意权利的一种特殊的设定,并不具有普适性的意义。对照故意伤害罪(轻伤)以及刑事责任能力和民事行为能力的规定,笔者认为以年满16周岁作为一般人身权益的同意能力的起点是较为合适的。

第三节　医疗上患者同意的认定
——以“孕妇拒签致死案”为例

患者同意是阻却专断性医疗行为成立的核心并且是唯一的要件。从刑法上而言,专断性医疗行为具有构成犯罪的可能性,而欠缺患者同意是成立专断性医疗行为的前提,因此,欠缺患者同意是专断性医疗行为构成犯罪的决定性条件。如何确认医疗上的患者同意？一般情况下，医疗上的患者同意并不成为问题，但遇到疑难复杂情况时，则产生较多争议。下文将以著名的“北京孕妇拒签致死案”为分析样本，试图对这个问题中的疑点和难点予以解答。

一、案情简介

2007 年 11 月 21 日下午 4 时左右，已经怀孕 41 周的李丽云被男友（未办理婚姻登记）送至北京朝阳医院京西分院。经医生诊断，患者李丽云感染重症肺炎，需要马上住院。入院以后，医生经进一步诊断后认为肺炎已经导致李丽云心肺功能严重下降，孕妇和胎儿均有危险，需要马上进行剖宫产手术。此时患者李丽云已经陷入昏迷状态，而男友肖志军拒绝在手术书签字同意手术，医生和旁观者多次劝说肖志军，肖志军均予以拒绝，其拒绝的理由是“她（指妻子）只是普通感冒，好了就会自己生了”。其后，肖志军在手术通知书上写下了“坚持用药治疗，坚持不做剖宫手术，后果自负”等字。为确认肖志军精神没有异常，医院紧急调来已经下班的神经科主任，认定精神毫无异常。急救过程中，医院一方面请 110 紧急调查该孕妇的户籍，试图联系她的其他家人；另一方面上报北京市卫生系统的上级领导，得到的指示为：如果家属不签字，不得进行手术。几名主治医生只好动用所有急救药物和措施，在呼吸机不起作用情况下，轮番对其进行心脏按摩。晚 7 点 20 分，医生宣布孕妇李丽云抢救无效死亡。[①]这就是轰动一时的“北京孕妇拒签致死案”。

二、存在的问题及解决

对于该案件，许多学者从不同的视角对其进行了解析，得出了极具启示意义的结论。[②] 本书试从被害人同意问题视角切入，对于该案件中的患者同意问题以及产生的关联问题进行剖析。经笔者梳理，可以得知案件涉及的主体主要有丈夫肖志军、孕妇李丽云、主治医师、北京朝阳医院京西分院以及该院的主管部门。若将上述主体进行分类，则可以分为三个不同类型的主体，即患方（包括丈夫肖志军和患者李丽云）、医方（包括医师和医院）以及医院的主管部门（行政管理部门）。在现有的诸多研究

---

① 参见袁正兵、吕卫红：《丈夫拒签手术　孕妇胎儿双亡》，《检察日报》2007 年 11 月 23 日（第 1 版）。

② 主要论文有：苏力：《医疗上的知情同意与个人自由和责任——从肖志军拒签实践切入》，载《中国法学》2008 年第 2 期；苏力：《弱者保护与法律面前人人平等——从孕妇李丽云死亡事件切入》，载《北京大学学报（哲社版）》2008 年第 6 期；吕英杰：《“肖志军拒签案”医生的刑事责任分析》，载《政治与法律》2008 年第 4 期；上官丕亮：《要用生命权至上理念来解释医疗法规》，载《法学》2007 年第 12 期。

中，多以医患双方是否承担责任以及承担何种责任为视角展开，并未涉及被害人同意的认定的问题。根据现有医疗法规的规定，患者同意是医生实施手术的决定性要件，即“无同意，不手术”。在患者本人无法同意的情况下，谁有权代替患者同意？根据《医疗机构管理条例》第 33 条规定：“医疗机构施行手术、特殊检查或者特殊治疗时，必须征得患者同意，并应当取得其家属或者关系人同意并签字；无法取得患者意见时，应当取得家属或者关系人同意并签字；无法取得患者意见又无家属或者关系人在场，或者遇到其他特殊情况时，经治医师应当提出医疗处置方案，在取得医疗机构负责人或者被授权负责人员的批准后实施。”尽管相关法律对于该问题回答较为清晰，但结合本案情况，与患者同意关联的疑难问题有：

问题一：在患者本人无法同意且患者唯一在场的近亲属拒绝同意时，如何处理？

对于这个问题，可以进一步细分为两个问题：即(1)患方没有同意时，医方是否可以未经同意而直接实施手术？(2)患者亲属拒绝同意并致使损害发生，由何方承担责任？由于患者本人在此种情形之下无法同意（如孕妇李丽云），故患者本人的意愿无法探究。此时患者本人唯一能找到的近亲属却拒绝同意手术（如丈夫肖志军），而孕妇又处于亟需救治的状态之中，如何处理？笔者认为，尽管《医疗机构管理条例》明文规定必须取得患方同意才能对患者实施诊治行为，在患者本人无法同意之时必须取得患者家属同意，但该条例并未规定患者家属拒绝同意，且患者急需救治时如何处理。尤其是，患者家属并非精神异常之人，其拒绝同意属于清醒认识情况下的断然选择，这使该问题的处理更为棘手。该种情形可以用“患者无法同意、医方要求手术且家属拒绝手术”进行概括。在这种关系中，存在着一种对立意见，即医方和患者家属意见的对立，正是这种对立使得手术行为难以进行。本书认为，在患者本人无法同意的情况下，医方与患者家属对立的解决仍然需遵循患者最佳利益原则。在本案中，由于患者李丽云亟需手术，而丈夫肖志军却拒绝同意，此种拒绝同意危及患者以及胎儿生命，显然不符合患者李丽云的利益，因而该种拒绝违反了患者最佳利益原则，应视为无效拒绝。此时，医方可以不经患者家属同意而直接给患者实施手术。尽管患者本人无法表达自己的意志，但人对生命的渴求以及母亲对孩子生命的呵护无疑是最好的“同意”，这种“同意”是一种人之本能，不证自明。因此，医方对肖志军拒绝的遵从实质是对患者本人意愿的违背。在这种情形之下，医方应当对肖志军的“拒绝”进行拒绝，以维护患者本人利益为原则对李丽云实施手术行为。

在本案中，医方遵从了肖志军的拒绝而未对患者李丽云实施手术行为，并最终导致惨案的发生，由何方承担责任？有人认为应当由患方承担责任[①]，有人则针锋相对地认为应当由医方承担责任[②]，莫衷一是。

医方认为患者家属应当承担责任，主要原因在于现有法律明文规定医方诊治行为需经患者同意，并且医院在请示上级之后仍得到“无同意、不手术”的指示，因此医方可以免除责任。对此笔者不能认同。当患者家属拒绝手术明显危及患者本人利益之时，患者家属此时的意见并非患者意愿，不能代表患者本意，而医方对患者家属意见的机械服从实质上是对患者真实意思的违背。若医方此时不实施手术行为即属于医方违背患者真实意思表示，在应当手术、能手术却没有实施手术导致患者损害，属于不作为的医疗损害行为，应当承担责任。根据我国《执业医师法》第 24 条的规定：“对急危患者，医师应当采取紧急措施进行诊治；不得拒绝急救处置。”因此，医师对危重患者的救治属于法定义务，并不以患者家属是否拒绝发生改变。而且，根据《医疗事故处理条例》第 33 条第 1 款的规定：“在紧急情况下为抢救垂危患者生命，采取紧急医学措施造成不良后果的，不属于医疗事故。”该条款不但赋予医方在紧急情况下采取紧急医学措施的权利，并对该种情形下产生的不良医学后果予以免责。此外，根据《医疗机构管理条例》第 33 条规定：“……无法取得患者意见又无家属或者关系人在场，或者遇到其他特殊情况时，经治医师应当提出医疗处置方案，在取得医疗机构负责人或者被授权负责人员的批准后实施。”本书认为，在患者本人无法同意，患者家属基于某种个人原因而非为了患者利益拒绝同意手术时，属于该条所说的“其他特殊情况”，“经治医师应当提出医疗处置方案，在取得医疗机构负责人或者被授权负责人员的批准后实施（手术）”。故此时医疗机构无需请示上级主管部门同意，法律并未赋予医院的上级主管部门同意的权力，而应当在该医疗机构负责人或被授权负责人员批准后实施诊疗行为。若主治医师没有经过医疗机构负责人批准而实施手术行为，依照患者最佳利益原则，该行为属于紧急避险，主治医师无需承担责任；若主治医师请示医疗机构负责人或被授权人而被告知不同意手术，则负责人或被授权人违背了患者最佳利益原则，应承担不作为医疗损害的责任；若负责人或被授权负责的人同意手术而主治医师拒绝手术，则主治医师应当承担责任。因此，在本案中，患者李丽云的丈夫肖志军无需承担责任，而应当由医方即北京朝阳医院京西分院承担责任，至于具体由负责人或者被授权负责的人还是由主治医师承担责任，则属于医方内部责任

---

① 参见苏力：《医疗上的知情同意与个人自由和责任——从肖志军拒签实践切入》，载《中国法学》2008 年第 2 期。

② 参见庄晓平：《也谈医疗的知情同意与个人自由和责任——与苏力教授商榷》，载《自然辩证法通讯》2012 年第 1 期。

划分问题，应根据不同情况作不同处理。此外，由于法律并未涉及该种情形下医院上级主管部门的职责，故上级主管部门无需承担法律责任。

综上可知，当患者本人不具有同意能力的情况下，患者亲属应以患者利益为核心代为其同意。当患者亲属拒绝同意时，若该种拒绝违背患者利益，医方应当无视拒绝而直接给患者实施诊疗行为。若医方在能够实施诊疗行为的情形下遵从患者家属的拒绝意见并最终导致患者遭受损害时，医方应当承担责任。法律虽然赋予患者亲属代为同意的权利，此种授权实际上是在假设患者亲属均以患者本人利益以核心的基础上作出的，若患者亲属不以患者利益为核心，此时患者亲属的代为同意或者拒绝均应视为违反患者真实意思，应为无效。本书虽是以患者李丽云为样本进行分析的，实质上李丽云所代表的是“患者本人无法同意”这一类现象，因此，具有同种特征的其他案件同样适用本书结论。例如，当患者是不具有同意能力的婴幼儿以及残障人士时，作为监护人同样需要以婴幼儿或者残障人士的权益为中心作出同意或者拒绝，否则医方有权直接对患者实施或者拒绝手术。或许有疑问的是，这种做法是不是给医方苛以了过高的义务和责任？在笔者看来，在患者、患者亲属和医方三个主体所涉及的医患关系中，其中最为重要和核心的共同点在各方都以患者利益为中心，即无论患方还是医方均应以患者利益为中心，这是医患双方处理所有问题的出发点和归宿。在患者本人具有同意能力的情况下，患者本人的真实意思表示应被视为最为符合患者利益的，患者亲属和医方均不能强行违背。当患者本人无法同意的情况下，应当由患者亲属乃至医方代为决定，这虽是患者本人无法同意时的无奈之举，但这并不能违背患者利益。“无同意，不手术”原则所蕴含的不仅仅是医方应当经过同意才能对患者手术，而是强调以患者利益为核心的同意或者拒绝才是医方真正需要遵循的，否则丧失了“无同意，不手术”赖以存在的基本前提。在医患关系中，只有医方才能给患者恢复健康，患者以及其亲属实质上都是作为被动和配合的角色。在患者本人无法同意的情况下，而患者亲属却无视患者利益拒绝手术，强调医方的以患者利益为中心的主动手术责任是与医方在医患关系中的地位相适应的。对此，我国《侵权责任法》第 56 条规定，“因抢救生命垂危的患者等紧急情况，不能取得患者或者其近亲属意见的，经医疗机构负责人或者授权的负责人批准，可以立即实施相应的医疗措施”。该条实质上赋予了医方在紧急情况下不经患方同意而直接实施医疗行为的权利。医方不经患者亲属同意而实施诊疗行为，可以以患者利益为中心或紧急避险而免除责任[①]；否则，将应以“能作为而不作为”导致损害，承担不作为的法律责任。

---

① 具体论证可以参见崔玉明：《紧急情况下医疗行为的正当性研究》，载《河北法学》2013 年第 3 期。

问题二:在患者本人无法同意的情形下,具有同意权利的患者亲属之间意见发生分歧如何处理?

这是在患者不具备同意能力情况下的另一疑难问题,虽与李丽云案件没有直接关系,但却是能以该案为分析样本勾连出的关联问题。简单来说,当患者本人不具备同意能力(如婴幼儿)或者无法同意的情况下(如昏迷),应由患者亲属代为同意。但亲属之间难免存在意见不统一的情况,如有些亲属认为应当手术,有些亲属却拒绝手术;有些亲属认为应当采用甲种治疗方案,有些亲属却认为应当采取乙种治疗方案,此种情形应如何处理?对于此种类型问题的处理,笔者认为应当遵循如下处理原则。

首先,由于患者亲属以亲属关系的远近分为近亲属和一般亲属,虽然根据法律规定患者所有亲属在患者本人无法同意时均有代为同意的权利,但根据法律规定和日常生活习惯可以得出:近亲属的意见应当比一般性亲属意见重要,也即当近亲属意见与一般亲属意见发生分歧时,应当遵循近亲属意见。虽然各部门法对近亲属的范围规定并不相同,但结合现有法律规定和日常生活惯例,可以将亲属(包括近亲属和一般亲属)意见按照重要性由大到小划分为如下等级:第一类,父母、配偶、子女;第二类,兄弟姐妹、祖父母、外祖父母、孙子女、外孙子女;第三类,其他亲属。另外,若患者为婴幼儿或者残障人士,则监护人应属于第一类别的近亲属。不同等级之间的亲属意见产生分歧时,高等级亲属意见重要性大于低等级亲属意见。

其次,在同一等级中,若不同亲属之间意见产生分歧时,应分不同情形进行处理。其一,若亲属中一部分同意实施手术行为,另一部分拒绝实施手术行为时,应当实施手术行为。医方向患者传达手术意见并要求患者家属签署手术意见书时,表明医方认为给患者实施手术行为对患者健康更为有利。而患者部分亲属基于某种原因拒绝手术,不符合以患者利益为核心原则,故医方不能听从而拒绝手术,而应当由采取同意意见的亲属签字对患者实施手术。其二,在医方拒绝为患者实施手术,而患者亲属部分认为应当手术,而部分亲属不同意手术时,医方应当不对患者实施手术,因为医方此时认为不对患者实施手术对患者更为有利。其三,在医方认为患者应当手术,而患者亲属也同意手术,只是由于对采取何种手术产生分歧时,应当由医方决定实施何种手术。尽管医方告知患者亲属各种手术行为的利弊,但患者亲属作为非专业人士对实施何种手术并不具备专业判断能力,故只能由医生根据患者的实际情况作出符合患者最佳利益的选择。概言之,医方对患者实施何种手术具有实质性的决定权利。

最后,作为一个总的原则,不论是医方还是患方意见,都应以患者最佳利益为原则,也就是说,采取或者不采取以及采取何种诊治措施的终极标准应当是是否符合患者最佳利益。换言之,只有符合患者利益,有益于患者身心健康的措施才是被允许的。在患者亲属之间意见存在分歧时,是否实施以及实施何种诊治措施的决定权在于医方，而患者亲属实质上只有请求或者拒绝的权利。因此，由于医方在此种情形下占有主动和优势地位，故要求医方在遵循患者利益为核心的基础上更为审慎地考虑患者亲属的不同意见，若患者亲属意见有利于患者利益时，应当遵循患者亲属意见；反之，若患者亲属意见不利于患者本人利益时，医方应当予以拒绝。

第五章 专断性医疗行为有责性:故意与过失的定位与认定

第一节 故意与过失在犯罪论体系上的定位

一、故意与过失在体系上定位的基本争议

应该说,故意与过失在犯罪论体系上的定位是随着犯罪论体系的不断演进而发展变化的。古典犯罪阶层体系,是刑法理论上第一个成形的犯罪论体系,也称为贝林—李斯特体系。贝林认为,刑法体系中的犯罪行为是自然方面的模拟,即犯罪行为的确定,应与可感知的、以物理性或生物性的概念体系可以叙述的事实相一致。[①] 也就是说,在贝林看来,构成要件只能是记叙的、客观的行为类型,不能包含任何规范的、价值的因素,它是一个纯客观意义上的模型,与违法性、有责性没有关联。显然,在古典犯罪阶层体系里,以故意、过失为代表的主观要素只能出现在有责性里,在构成要件中并没有存在的空间。在古典犯罪阶层体系之后,具有代表性意义的是新古典暨目的论综合体系,它是在威尔哲尔(Welzel)目的行为论的基础上建立起来的。目的行为论认为,实施某种行为的人的"目的性"是不可或缺的要素,且应将之与"故意"等同视之。[②] 目的行为论颠覆了贝林的行为理论——行为不再是纯客观形象,而是包含了主观因素(故意)。新古典体系与古典体系皆维持了构成要件该当性、违法性、有责性三阶层构架,其主要变化在于构成要件阶层。新古典体系不但确定了主观构成要件,而且将原本定位于罪责要素的故意移到构成要件阶层,亦即认为故意应该

① [日]贝尔德·修内曼:《现代刑法体系的基本问题》,成文堂 1990 年版,第 21 页。转引自李洁:《三大法系犯罪构成论体系性特征比较研究》,载陈兴良主编:《刑事法评论》(第二卷),中国政法大学出版社 1998 年版,第 422 页。

② [日]松宫孝明:《刑法总论讲义》(第 4 补正版),钱叶六译,中国人民大学出版社 2013 年版,第 32 页。

是主观构成要件,从此故意称为构成要件的故意。[①] 简单来说,新古典体系一改古典体系构成要件纯记叙、不含价值、规范因素的形象,将主观要素(故意)纳入到构成要件之中,这种变化实质上是将原本位于有责性领域的故意移到了构成要件领域中来了,从而使得构成要件不再是纯客观的行为类型,而是包含了主客观要素的行为类型了。在新古典体系之后,具有代表性意义的犯罪论体系是罗克辛教授的目的理性阶层体系。该体系将犯罪阶层演变为行为阶层——构成要件阶层——违法性阶层——负责——其他处罚条件五个层级,并将构成要件阶层分为两个面向:主观不法构成要件合致与客观不法构成要件合致,而故意与过失等主观要素属于主观构成要件要素。[②] 在罗克辛教授的体系里,故意与过失不在位于"责任"领域了,而是居于构成要件之中。上述阶层犯罪论体系的基本演变表明,故意与过失位置的变化与犯罪论体系阶层以及要素的变化是一脉相承的,这种变动与构成要件该当性、违法性甚至有责性之间的关系变化是密不可分的。根据构成要件与违法性、有责性之间的关系,可以将构成要件划分为行为构成要件说、违法类型说与违法有责类型说。[③] 行为构成要件说认为,故意与过失等主观要素,不是构成要件要素,而是责任要素。在违法类型说内部,针对故意与过失的位置有两种不同观点:一种是将故意与过失定位为构成要件;另一种承认构成要件的故意规制机能,将故意与过失视为责任要素。至于违法有责类型说关于故意与过失的定位争议,是分为结果无价值论与行为无价值论讨论的:结果无价值论的违法有责类型说大致认为,虽然故意、过失是构成要件要素,但它们不是违法要素,而是责任要素;而行为无价值论的违法有责类型说,一般认为故意、过失既是违法要素,也是责任要素。[④] 综上所述,关于故意与过失的定位争议可以简单归纳成如下观点:(1)故意、过失属于责任要素;(2)故意、过失属于构成要件要素;(3)故意、过失既是违法要素,也是责任要素。

二、本书的立场

本书认为,将故意、过失认定为责任要素较为适宜。第一,将故意与过失认定为构成要件要素尽管可以实现构成要件的个别化机能,即将故意与过失认定为构成要件要素可以将诸如故意杀人与过失致人死亡区别为不同类型,但却有两个致命缺陷:

① 许玉秀:《当代刑法思潮》,中国民主法制出版社 2005 年版,第 72 页。

② 许玉秀:《当代刑法思潮》,中国民主法制出版社 2005 年版,第 160 页。

③ 行为构成要件说认为构成要件与违法性无关,是独立和中性无色的;违法类型说认为符合构成要件即可认定违法;违法有责类型说认为,构成要件不但是违法类型,还是有责类型,即构成要件包含责任要素。

④ 上述论争参见张明楷:《刑法学》(第四版),法律出版社 2011 年版,第 227—228 页。

其一,构成要件将失去故意规制机能。如所周知,故意的认识内容是由构成要件要素决定的,即构成要件内容即故意的认识内容。倘若故意属于构成要件要素,则意味着故意本身属于故意的认识内容,这显然难以让人接受。其二,将故意与过失定位于构成要件要素,将导致有责性判断被掏空和形骸化。有责性判断主要内容是行为人的可谴责性,而故意与过失是行为人可谴责性的主要表现,若将故意与过失剔除出有责性,那么将导致有责性阶层直接崩溃——成为有名无实的空壳。第二,将故意与过失认为既是违法性要素也是责任要素虽然具有一定的合理性,但到底将其定位于违法性阶层抑或有责性阶层却语焉不详。将故意与过失分割并分别定位于违法性与有责性领域的做法是将不能割裂划分的故意与过失人为割裂,不但使得故意与过失丧失了完整性而失去意义,而且使得违法与有责之间的阶层界限变得模糊,从而导致犯罪论体系面临异动。进一步而言,将故意与过失分别定位的做法将产生如下难题:故意和过失哪部分属于违法性?哪部分属于有责性?这是难以回答和解决的问题。第三,将故意与过失定位于有责性不但能较好地解决上述问题,而且与我国故意与过失理论较为一致。故意与过失是主观罪过要素,表明了行为人的可谴责性,这与有责性阶层判断的功能和目的是一致的。在我国,刑法第 14 条与第 15 条采用了实质地故意与过失概念,这与德日将故意、过失分为形式与实质概念是具有区别的。[①] 所以,我国刑法上的故意与过失实质的表明了行为的非难可能性,而不能将其分为形式与实质两种不同的概念或者部分,它们并不具有可分性。综上,本书认为应当将故意与过失定位于有责性,这对于发挥故意与过失的机能以及维持犯罪论体系稳定具有重要意义。

第二节 专断性医疗行为故意与过失的认定

一、专断性医疗行为故意之认定

我国刑法第 14 条第 1 款规定,明知自己行为会发生危害社会的结果,并且希望或者放任这种结果发生,因而构成犯罪的,是犯罪故意。据此可知,犯罪故意由两个因素构成,一是认识因素,一是意志因素。这两个因素既是认定犯罪故意的标准,也是故意与过失的区分界限。对于专断性医疗行为犯罪故意的认定,应当注意以下几点:第一,犯罪故意具有特定的含义,应当与一般意义上的“故意”区分开来。犯罪故

① 张明楷:《刑法学》(第四版),法律出版社 2011 年版,第 229 页。

意表述的是行为人的主观恶性，是表明行为非难可行的责任要素，由认识因素与意志因素组成。而一般意义上的生活中故意，仅说明行为的有意性，不表明行为人的主观恶性和非难可能性。例如，在专断性医疗行为中，诊疗行为的实施通常都是"故意"的，不可能"过失"实施医疗行为，是否可以据此认定所有专断性医疗行为都成立故意犯罪？回答只能是否定的。尽管专断性医疗行为的确是由医生"故意"实施，但此"故意"并非犯罪故意，仅表明诊疗行为实施的有意性，与表明非难可能性的责任要素"故意"，具有实质性区别，不可混淆。第二，由于专断性医疗行为的成立核心要件在于医生违反告知义务，在司法实践中，若医生对自己违反告知义务是明知的，是否直接意味着行为人成立犯罪故意？本书认为，对告知义务的明知与违反并不能直接导出行为人成立犯罪故意。一方面，明知违反告知义务并不能等于"明知自己的行为会发生危害社会的结果"，即义务违反不能等于行为人对危害结果的预见。另一方面，即便行为人明知并且"故意"违反告知义务，也不能直接认定行为人成立故意，因为这仅仅是满足故意成立的"认识"要素，在行为人的"意志因素"不能确认的情况下，不能认定故意。总而言之，认定犯罪故意需要认识因素与意志因素两者兼备，缺一不可。行为人对规则或者义务的故意违反并不能直接推导出行为人成立犯罪故意。例如交通肇事罪，行为人对交通规则的违反通常"明知"且是"故意"的，但对于交通事故结果的发生却持反对态度，故只能认定为过失。第三，关于认识错误的问题主要注意两点：其一，行为人（医生）本应负有告知义务，却误认为没有告知义务，进而在没有告知的情况下实施诊疗行为造成损害的，属于构成要件错误，不能成立故意，只能成立过失；其二，行为人（医生）在患者没有承诺的情况下，误认为患者已经承诺并进而实施诊疗行为造成损害的，属于违法性错误，不能阻却故意的成立。概言之，在认识错误的情况下，应当区分是构成要件错误还是违法性错误，前者阻却故意的成立，后者则不阻却故意的成立。

二、专断性医疗行为过失之认定

我国刑法第15条第1款规定，应当预见自己的行为可能发生危害社会的结果，因为疏忽大意没有预见，或者已经预见轻信能够避免，以致发生这种结果的，是过失犯罪。对于过失犯的构造，一直存在旧过失论与新过失论的争论。旧过失论认为，只要行为客观上造成了危害结果，则考察行为人对结果有无预见可能性，若有，则可以肯定过失。但若只要行为人对结果具有预见可能性则肯定具有过失，则会不当扩大过失犯的处罚范围，对此形成了修正的旧过失论与新过失论的对立。修正的旧过失论认为只有符合构成要件的行为造成的损害后果才可能被认定过失，也即，修正的旧过失论从限定过失犯的实行行为来对旧过失论进行修正，以限制处罚范围。新过失论则强调，即便对结果具有预见可能性，但如果履行了结果回避义务，则不成立过失犯。新过失论通过行为人履行结果回避义务来限制过失犯的处罚范围，其背后的法理根基是被允许的危险理论。[①] 从我国刑法对于过失犯的定义来看，其强调的是对结果的“预见”和“避免”，可以简化地表述为“应当预见而没有预见”、“已经预见但轻信可以避免”。前者是疏忽大意的过失，后者是过于自信的过失，两者均强调结果预见义务与结果回避义务。从前述可知，由于本书将故意和过失理解为责任要素，故在构成要件阶段并不讨论过失问题，这符合旧过失论特征，又因为旧过失论存在处罚过大的问题，故笔者支持修正的旧过失论。至于新过失论，其与行为无价值论具有亲近性，且将过失理解为构成要件要素，为本书所不采。虽然过失犯的成立要求行为人具有预见可能性并履行结果回避义务，但核心在于结果回避义务，因为所有过失犯均以损害结果发生作为要件，从这个意义上来说，无结果则无过失犯。在过失犯中，结果的发生要么是行为人的行为直接导致(作为)，要么是没有履行防止结果发生的义务(不作为)，似乎过失犯既可以是作为犯，也可以是不作为犯。但是，从总体而言，不论是行为人直接导致结果产生，还是没有履行结果回避义务导致结果发生，归根结底都是未履行结果回避义务。在具有履行结果回避义务可能的情况下，行为人未履行结果回避义务才是结果发生的根本原因，其基本模式可以概括为“不履行义务——结果产生”。请看下列两个案例：(1)一位具有丰富驾驶经验的司机甲，在拐弯处本应减速通过，但自认为自己驾驶技术很好，不会发生事故，结果没有减速而导致撞死路人乙。本案中乙的死亡由甲的行为所直接导致。(2)游泳池救生员丙在游泳池边巡视，以防止学员溺水。一学生丁正在游向水池深处，救生员丙认为该生水性较好，故没有多加注意，结果导致学生丁在水池深处溺亡。在本案中，救生员丙本应履行救助丁的义务但却没有履行，从而导致死亡后果发生。从形式上来看，例(1)中乙的死亡是由甲的不当驾驶行为所导致，而例(2)中的丁的死亡则是由丙没有救助所导致，前者是作为，后者是不作为，但从根本上来说，两者都是行为人在有履行可能性的情况下未履行结果回避义务所导致。例(1)中的甲本应减速以避免事故发生却没有减速，例(2)中的丙本应保持谨慎态度以尽救助义务却没有履行该义务，最终导致结果发生，两者均可以认定为不作为。正是从这个意义上来说，所有过失犯均为未履行结果回避义务导致结果发生，是不作为犯。

过失犯可以认定是不作为犯对专断性医疗行为的过失认定具有指导性意义。同时，笔者在前文中已经指出，专断性医疗行为在成立不作为犯时主要为不纯正不作为犯。根据这一理论，对于专断性医疗行为的过失认定应从以下几个方面展开：第一，

① 张明楷：《刑法学》(第四版)，法律出版社 2011 年版，第 262 页。

保证人地位的认定。既然专断性医疗行为成立过失犯时基本为过失不纯正不作为犯，故应先认定保证人地位。在专断性医疗行为中，居于保证人地位的只能是医生。问题是医生为何居于保证人地位？一种观点认为，患者去医院就医，医生便基于患者与医院之间的契约而对患者具有救助义务，该种理论也一直是主流且具有说服力的观点。不过，为何民事上契约可以成为刑法上保证人之理由，则存在疑问。笔者认为，医生是否具有保证人地位，并不以患者与医院之间合同有效缔结为前提，关键在于医生是否对患者生命以及身体法益具有事实上的保护功能。此种保护功能，是患者基于对医生的信任而将自己的身体健康乃至生命交付于医生，在此种信赖情形之下，只要医生同意对患者进行诊治，则居于保证人地位并具有保证人义务。需要注意的是，此种保证人地位的成立并不以合同缔结或者有效为前提，只要医生事实上处于保证人地位即可。医疗行为结束、病患更换医生或者放弃治疗，导致医生保证人地位丧失。当然，若医生因个人能力或者医疗设配原因拒绝承担保证人地位，则医生不承担保证人责任。第二，告知义务的违反。要认定过失责任，则需要注意义务之违反。在专断性医疗行为中，则是告知义务的违反。医生违反告知义务，致使患者无法了解该医疗行为的风险，进而无法决定是否实施该医疗行为，最终导致患者所不愿承受的损害后果发生，是专断性医疗行为过失的基本内容。医生对告知义务的违反，应当制造了法所不容许的风险，或者并未减低法所不容许的风险。一言蔽之，即告知义务的违反“以致”（符合刑法第 15 条规定）危害发生。当然，倘若即便医生履行告知义务并获得患者同意而实施医疗行为，损害结果仍无法避免的话，则因无法认定告知义务违反与损害结果发生之间具有因果关系而不能认定为过失。第三，行为人对损害后果的意志。医生对于专断性医疗行为所导致的后果的态度，对认定过失具有决定性意义，因为故意与过失，特别是间接故意与过于自信的过失的区别就在于行为人对危害结果的态度。直接故意对结果发生是“希望”，间接故意对结果发生是“放任”，而过失对结果发生则是“反对”。问题是，有时候“放任”与“反对”很难区分。例如，在针对孕妇所进行的体检项目中，如果要对孕妇进行 X 光项目照射的检查，需要告知孕妇并在检查中对胎儿作特别的防护措施，以免对胎儿造成损害。某医院医生甲与乙在针对孕妇丙的检查中，经商量后认为：“不会有那么巧就真会对胎儿造成损害吧？”遂没有将“照射 X 光射线可能会对胎儿造成损害”的情况告知孕妇而对其进行 X 光射线的检查，结果致使该孕妇腹中胎儿遭受损害而流产。关于甲与乙对于损害后果的产生存在不同观点。一种观点认为，医生甲和乙对损害的结果持放任的态度，即听之任之，是间接故意；另一种观点认为，医生甲和乙对结果的发生是一种反对态度，即轻信结果不会发生，是过于自信的过失。本书认为，间接故意的意志因素“放任”应当是介于直接故意与过失之间的一种心理态度，即介于“希望”和“反对”之间，或者说在“希望发生结果与希望不发生结果之间，就是放任。[①] 过于自信的过失，行为人之所以会产生“过于自信”，需要凭借一定的主客观条件来产生“轻信”，换言之，盲目的毫无凭借条件的“轻信”不能认定为过于自信的过失。在本案中，医生甲和乙认为 X 光射线不会对孕妇造成损害只是一种主观臆想，并没有借以判断（不会产生损害）的主客观条件，它表明行为人对危害结果发生是一种漠不关心的态度，而非反对结果发生。放射医学常识和规则要求医生针对孕妇的检查必需告知并采用相应的保护措施，本案中的甲和乙明知该规则存在，却惘然不顾，说明了行为人听任结果发生，应认定为间接故意。

① 张明楷：《刑法学》（第四版），法律出版社 2011 年版，第 268 页。

第六章　刑事归责：专断性医疗行为刑事责任的具体认定

第一节　专断性医疗行为刑事归责概述

由于我国对专断性医疗行为的研究并未深入展开，因而借鉴其他具有成熟经验的国家和地区的做法就显得尤为必要。当然，域外的经验或做法并不一定可以直接适用于我国，但了解其他国家和地区对于专断性医疗行为处遇方式具有重要的借鉴意义。

一、德日判例及学说立场述评

（一）德国判例的立场

1. 骨髓癌截肢案

论及德国实务或者判例关于专断性医疗行为的立场，就不得不提德国 1894 年的"骨髓癌截肢案"。该案的主要内容是，一名 7 岁小女孩脚骨患有结核性脓溃疡，治疗的方式是给小女孩实施脚骨手术，若不加治疗会导致孩子死亡。但是小女孩的父亲厌恶外科手术，信奉自然疗法，拒绝实施会导致孩子残废的任何手术，并多次明确向医生表达了自己的意思。然而医生却违背了患者父亲的意愿强行为病人进行了脚骨切断手术。医生的手术行为符合医疗技术和规则的治疗方法，手术很成功，病人也得到了康复。下级审法院判定医生无罪，但是帝国法院撤销了这一判决，发回重审。该案的最终判决认为，医师对病人实施截肢手术的行为由于欠缺患者的"同意"，从而符合《德国刑法典》第 223 条伤害罪的构成要件中"伤害身体"的行为，医师的行为成立伤害罪。①

该案例及其判决表明德国实务界关于专断性医疗行为的这样立场：被害人承诺对于医疗行为的正当性具有决定性意义。若欠缺被害人承诺，即便医疗行为本身符

① 参见王皇玉：《论医疗行为与业务上之正当行为》，载《台湾大学法学论丛》2007 年第 6 期。

合医学技术和规则，且取得良好的疗效，也不能阻却伤害罪的成立。

2. 肌瘤案

被告人乃是一家医院的主任医师。他给附带起诉人做了一例手术。在先前的一次检查中，她被检查出了一个有两个拳头大的子宫肌瘤，他建议她实施手术切除。在手术过程中发现，这个肿瘤并不是长在子宫表面，而是和子宫牢牢地长在了一起。由于除了同时切除子宫以外，没有别的办法可以清除这个肿瘤，被告人切除了整个子宫体。对于这样的大手术，附带起诉人当时并不同意。联邦最高法院判定医生成立过失身体伤害罪。①

该判例表明，未经患者同意的医疗行为，即便具有适当的医学后果，由于没有得到患者的有效同意，仍然成立伤害罪。该判决再次重申了患者同意对于侵入性治疗行为的意义。

3. 实习医生案

两被告人以所谓的实习生身份在州医院工作，当时他们还只是医科学生。在此期间，他们独立处理各种疾病，还给病人做手术，病人都以为他们是医生。联邦法院认为，在没有疑问的轻微病例中，对医疗行为的承诺也可以使得非在职医生所为的手术正当化，尽管病人以为是医生在处理他的疾病。但对于对身体健康具有较大损害的手术行为而言，病人错以为被告人具有医生身份，进而作出的承诺“本身”尚不能产生正当化的效力。②

该判例表明，患者错误认识下的承诺并非患者真实意思表示，也即患者在知晓真实情况下可能会作出不同的选择，则不能认定为是患者的有效同意。未经有效同意的医疗行为不阻却违法性。

综上可知，德国实务界对于专断性医疗行为的违法性持肯定态度。对于医疗行为而言，患者的承诺具有决定意义，欠缺患者承诺的医疗行为，即便符合医学规则，具有治疗效果，也应当认定为伤害罪。

（二）德国学说的立场

德国学说上对医疗行为的评价，几乎认定只要是未得病人同意的医疗行为，应属犯罪行为。③ 也就说，理论界与实务界对于专断性医疗行为几乎采取同一立场，即认为此种行为应构成伤害罪，但在判断专断性医疗行为符合伤害罪的标准和立场上，存

① ［德］克劳斯·罗克辛：《德国最高法院判例刑法总论》，何庆仁、蔡桂生译，中国人民大学出版社2012年版，第72页。

② 参见［德］克劳斯·罗克辛：《德国最高法院判例刑法总论》，何庆仁、蔡桂生译，中国人民大学出版社2012年版，第74—75页。

③ 王皇玉：《德国医疗刑法论述概说》，载《月旦法学杂志》第170期（2009年7月）。

在结果说与行为说的争论。结果说认为,应从事后考察专断性医疗行为的治疗效果,若该行为有益于或者至少没有损害患者健康时,就不构成伤害罪,反之,则成立伤害罪。行为说则认为,不能从治疗后果来判断行为的正当性,只要医疗行为符合医学上的适应性以及医疗标准,不论结果如何,均应认为不成立伤害罪。[①] 结果说与行为说采取不同的立场对专断性医疗行为是否构成伤害罪进行判断,就判断结论而言,大致有如下几种:(1)专断性医疗行为既符合医疗标准,又具有治疗效果。该种情况不论是结果说还是行为说,均认为不成立伤害罪。(2)专断性医疗行为既不符合医疗标准,也不具有治疗效果。这种情况下,不论是行为说还是结果说均认为应当构成犯罪,至于构成何种犯罪,则应具体判断。(3)专断性医疗行为不符合医疗标准,但具有治疗效果。此时结果说认为不成立犯罪,而行为说则认为成立犯罪。(4)专断性医疗行为符合医疗标准,但不具有治疗效果。行为说认为此种情形专断性医疗行为不构成犯罪,而结果说却认为构成犯罪。

综上可知,对于专断性医疗行为,德国实务以及理论部门均认为应当构成伤害罪,只是在理论上的认定存在结果说与行为说的分歧。结果说与行为说的对立,实质上反映了结果无价值论与行为无价值论的对立。结果无价值论认为违法性的本质在于法益侵害,若无法益损害则不存在违法。结果说正是站在这个立场上对专断性医疗行为的治疗后果进行评估,具有治疗效果显然不存在损害后果,故不成立犯罪。行为无价值论则认为违法性的本质在于行为本身的样态以及行为人的主观恶性,即行为本身是违法性的根据。因此,当专断性医疗行为本身符合医学规范时,行为说即认为该行为不具有违法性,至于结果如何则在所不问。因此,结果说与行为说的对立,本质上是结果无价值论与行为无价值论对立的体现,采取不同的立场意味着采用不同的判断标准。笔者认为违法性的本质在于法益损害,刑法为保护法益而存在,故赞同结果无价值论。

(三)日本判例的立场

除前文所述的“基督教信仰者拒绝输血”案以外,日本还有大量具有代表性的判例表明实务界对于专断性医疗行为的立场。

1. 左右乳房乳腺剔除手术事件(东京地方裁判所 1971 年 5 月 19 日判决)

1967 年,患者 X(当时 27 岁,未婚)因左右两侧乳房有肿块到 Y 医院接受检查,右侧乳房肿块被初步诊断为乳腺癌,X 对“右侧乳房切除手术”作出了同意的表示。在手术中,因为左侧乳房的肿瘤被确诊为乳腺小结,Y 医院的手术医生 Y1 考虑到乳

---

① 参见冯军:《专断性医疗行为的刑事处罚及其界限》,收录于刘明祥主编:《过失犯研究——以交通过失和医疗过失为中心》,北京大学出版社 2010 年版。

腺小结有可能发展为乳腺癌，于是在没有询问X是否同意的情况下将手术方式改为"左右两侧乳房切除手术"。在本案发生当时，日本医疗界关于乳腺小结作为癌前病变是否应该实施乳房切除手术是有争议的。在本案中，X主张手术中实施的左侧乳房切除是没有必要的违法手术，故要求Y以及Y1赔偿精神抚慰金。

判决以下列理由肯定了X关于精神赔偿的一部分请求。判决认为，关于本案左侧乳房切除是否必要，虽然有反对Y1判断的学说，但是这不能成为认定本案左侧乳房切除手术不必要或者不妥当的依据。但是，医师在实施切除患者部分肢体，由此给患者身体功能或者外观上造成极其重大影响的手术时，不能认为在患者请求治疗时就当然包括了对手术的承诺。只要不属于患者的生命有迫在眉睫的危险或者时间上来不及在征求患者同意之后再实施手术之特别情况，在实施此类手术之前应当征得患者的同意，未征得患者同意而实施的手术是违法损害。本案Y1实施左乳房切除手术之际，应当重新征得X的同意，并且作为征得同意的前提，Y1应当说明X的病情以及手术的必要性。特别在医学界对本案手术是否必要还有争议的情况下，患者是否接受本案手术的意思应当格外受到尊重。所以，作为医师，应当在对患者充分说明上述情况的基础上征求患者同意否。①

本判决传达了这样的信息：在未征得患者同意的情况下，对患者实施的诊疗行为即便具有医学上的适应性，也是违法的。也即，若该手术行为是专断性医疗行为，即可认定该行为是违法损害，至于治疗效果则在所不问。该判例所表明的立场与德国判例和学说表明的立场基本一致：患者的同意具有决定性意义，未经患者同意的医疗行为即专断性医疗行为是违法行为。

2. 抗生素点滴休克死亡事件（横滨地方裁判所1979年2月8日判决）

1972年，当时6岁的男孩A因为下腿部挫伤在Y医院接受医师Y1的诊察。Y1对A的父亲X1说最好进行植皮手术。X1要求Y1详细说明手术的情况，对此Y1没有回答。然而，手术之前，护师突然来到A病房，说因为A要手术前来看看。当时，A的母亲X2以为本案手术大概是简单手术，就表示了"拜托你们手术吧"的意思。可是，在上述手术实施中，A死于防止化脓感染的抗生素点滴休克。于是，X等主张Y违反说明义务以及未取得手术同意义务。

本案判决认为，能够认定本案手术的目的是为了防止挫伤疤痕的组织引起的膝关节伸展障碍，但不是不立即实施就会给A带来生命危险的手术，不存在应当立即实施的紧急性，关于这一点双方当事人也没有争议。并且，A仅为6岁的小儿，其父X1对本案手术必要与否抱有疑问，要求医师对此给予详细的说明。根据上述理由应

---

① 夏芸：《医疗事故赔偿法——来自日本法的启示》，法律出版社2007年版，第565—566页。

当认为,只要没有特殊情况,本案手术就应当得到 A 的父母双方同意后实施。在本案中,“患者的同意本应为对医疗行为性质以及伴有危险有充分认识基础上的同意,可是在本案中无论如何也不可能认为原告 X2 的同意是对本案手术性质有充分认识的同意,所以不能认为本案手术已经得到监护人的承诺”,本案手术是违法手术。鉴于上述,Y 等应该赔偿本案手术中发生的本案事故造成的损害(A 的逸失利益、精神抚慰金、律师费用等)。①

该判例表明,医生的说明义务对于患者同意具有重要意义,欠缺医师详细说明下的患者同意不是患者真实意思表示,不具有效力。因此,患者承诺是医师实施手术行为的基本前提,欠缺患者承诺的手术是违法手术,对于该种损害应当予以赔偿。

3. 小学生右手食指受伤的外科手术事件(福冈地方裁判所小仓支部 1983 年 8 月 26 日判决)

1981 年 5 月,Y 市立小学四年级学生 X 在和同年级学生 B 在校园玩耍回旋跷跷板时,X 的右手食指被夹在跷跷板的支柱和塞子中受伤。为此,校长和班主任送 X 到学校附近的某外科诊所接受治疗。该诊所的医生 Y1 认为,为防止感染需要采取紧急措施,于是在对校长、班主任以及 X 没作任何说明的情况下,(X 的监护人当时尚未赶到)就剪除了 X 右手伤指露出的骨头,实施了断端皮肤一次性缝合手术。于是,X 在本案中主张,首先,本案手术是不需要的手术;其次,Y1 违反说明义务。对此,Y1 抗辩说,本案当时有能推定 X 监护人的承诺存在的事由,所以本案手术不具有违法性。

本案判决,以下述理由否定了 X 的上述主张:“医师在诊察学校事故中受伤的未成年学生时,根据诊疗经过、受伤程度、医疗行为的性质(包括医疗行为内容以及手术)以及其他各种情况,当有特别客观事由能够推定监护人的承诺已经存在时,即使新的侵袭性医疗行为的实施没有征求患者方的明确承诺,也可以认为其违法性已经被阻却。”该案中的情形属于要紧急防止感染的状况,故可以认定本案当时属于有特别客观事由能够推定监护人的承诺已经存在的情况。因此,本判决认为 Y1 手术行为的违法性被阻却,追究其侵权行为责任缺乏确凿的依据。②

此判例表明,在特殊情况下,虽未经患者同意而实施手术行为,也可阻却违法性。此种“特殊情况”主要是指患者具有紧急状况,若不及时采取措施将危及患者重大健康乃至生命。在该种情形下的未经患者同意而实施的手术行为可以以推定承诺或紧急状况为由排除违法性。本判例实质上表明了患者同意的例外。

---

① 夏芸:《医疗事故赔偿法——来自日本法的启示》,法律出版社 2007 年版,第 570 页。

② 夏芸:《医疗事故赔偿法——来自日本法的启示》,法律出版社 2007 年版,第 578—579 页。

综上可知，在日本实务界，特别尊重患者的自我决定权和患者承诺。在前述“基督教信仰者拒绝输血案”中，判决表明，人基于某种信仰下的自我决定权，哪怕放弃自身的生命，只要不违反他人或者公共利益，就是合法的。此外，欠缺患者承诺的侵入性医疗行为原则上均是违法行为，应对患者予以赔偿。因此，日本实务大致和德国实务持相类似的观点，即专断性医疗行为原则上是违法行为，至于是否构成犯罪，则存在不同意见。

（四）日本学说的立场

与德国学说基本认定专断性医疗行为构成犯罪的立场不同，日本学界对专断性医疗行为如何归责存在不同意见。有学者认为，关于专断性医疗行为的处遇，应当以德国实务和理论为准，即专断性医疗行为原则上成立伤害罪。也有人认为，专断性医疗行为仅为民法上的侵权行为，不应作为犯罪行为处理。[①] 由于专断性医疗行为既侵犯了患者自我决定权，又可能导致患者身体上的损害，故具有成立伤害罪的余地。大塚仁教授就认为：“医疗侵袭的内容是极其多样的，随着医学的进步会越来越复杂，不少又包含着对患者的生命、身体安全的重大危险，所以，一般地认为它不符合伤害罪的构成要件，尚有疑问。”[②]笔者基本认同大塚仁教授的观点。由于专断性医疗行为可能损害的法益多种多样，并且有可能造成较为严重的后果，不加区分的以单一的民法或者刑法对专断性医疗行为进行规制恐怕不符合现实需要，而应在准确厘清专断性医疗行为性质的基础之上具体问题具体分析。简言之，专断性医疗行为既是民事上的侵权行为，也可能构成刑法上的犯罪。

二、美国判例及学说立场述评

（一）阿拉图遗孀诉艾弗顿案

患者阿拉图在一次接受腹部手术过程中，被医生发现其已经患上了胰腺瘤。医师遂走出手术室与阿拉图的妻子进行了沟通，医师建议其妻子同意在此次手术中顺便切除阿拉图的所有可见肿瘤组织。手术中的冰冻切片病理学报告也显示，阿拉图的肿瘤组织为恶性肿瘤，即所谓的胰腺癌。医师根据专业知识判断阿拉图手术后的5年存活率只有5%左右，但医师没有将5年存活率的情况告诉阿拉图本人。在手术结束后的第二个月，患者阿拉图与妻子共同去拜访美国肿瘤学专家艾佛顿。艾佛顿告诉他们，外科医师不可能通过外科手术解决各类癌症。因为癌细胞是可能会通过

① 参见冯军：《专断性医疗行为的刑事处罚及其界限》，刘明祥主编：《过失犯研究——以交通过失和医疗过失为中心》，北京大学出版社2010年版，第187—188页。

② 大塚仁：《刑法概说（总论）》（第三版），冯军译，中国人民大学出版社2002年版，第360页。

血液或者淋巴系统在患者身体中不断扩散的。交谈期间，艾弗顿让患者阿拉图填写了一份18页的调查问卷。在这份调查问卷中有一个问题是这样的：“患者是否知道疾病的真实情况？”患者阿拉图的回答是“是”。艾弗顿在看完阿拉图的肿瘤组织切片后，认为他的预期寿命应该不会超过5年，但是他也没有告诉阿拉图本人。随后，艾佛顿给阿拉图开始进行化疗以及其他辅助治疗。经过艾佛顿8个月治疗之后，艾佛顿确信阿拉图的癌细胞已经开始在身体中扩散。艾佛顿这时候正式向阿拉图告知：目前的化疗已经不起作用了，阿拉图的预期寿命可能只有几个月时间了。在告知后的三个月，阿拉图死亡。而阿拉图的妻子和子女们将肿瘤学专家艾佛顿告上了法庭。

阿拉图的遗孀认为，肿瘤学专家艾佛顿违反了患者对医师的信赖责任，没有将自己所了解的可能会对患者权利和利益产生实质性影响的事实完整、全面和公正地对患者进行披露和告知。原告声称，若艾佛顿告知真实病情的话，他们会以完全不同的方式来安排自己的事务以及安排阿拉图最后一段时间。

本案的初审法院认定艾佛顿已经公开了必要的信息，这些信息已经可以帮助患者阿拉图对于治疗方案作出决定，至于其他信息，艾佛顿没有披露义务。原告不服初审判决，遂提出上诉。上诉法院大法官赫兹受理本案后认为，患者并非生活在真空里，他们完全有可能从其他来源得到不可靠或者错误的信息。所以，当患者要求获得真实信息的时候，医师有责任提供准确的专家意见。最后，赫兹宣布，原告应该得到的赔偿不仅包括患者阿拉图的治疗费用，而且包括时间的损失和不能够明确推算出来的身体衰弱损失。另外，按照先例，若医师违反信赖义务，还可以判定惩罚性赔偿。①

本案的核心要点在于，由于医师没有披露或告知患者真实信息，致使患者不能根据有效的信息决定自己的行为。该判决传达的信息是，即便是癌症信息，也应当向患者告知，因为该信息会影响患者的判断和选择。在没有告知患者应当知道的信息而擅自实施诊疗行为，违背患者对医生的信任，因而应当承担责任。其隐含的信息是，医师未对患者充分告知而实施诊疗行为，该诊疗行为是违法行为，应当承担赔偿责任。该案虽未将医师的行为认定为犯罪，但该医疗行为的违法性已经得到确认——即便该行为具有医学上的适应性，且具有医学上的疗效。

（二）玛丽·施隆多夫诉纽约医院协会案

1908年，原告玛丽·施隆多夫因胃病住进了纽约医院协会。经过几周的治疗后，内科医师巴莱特在原告身上发现一个肿块，后来证实是一个纤维瘤。巴莱特咨询住院外科医生斯廷生，斯廷生建议实施手术。但做手术前，需要对这个肿块进行检测

① 参见王岳、邓虹：《外国医事法研究》，法律出版社2011年版，第17—18页。

以确定肿块的性质。原告同意接受这个检测,但她告诉巴莱特医师她不愿意接受手术。晚上,原告被一名护士从病房带到外科病房准备做手术。第二天,原告被实施乙醚麻醉。在原告处于昏迷的状态下,肿块被医师摘除了。这一过程完全没有得到原告的同意和知晓。手术以后,原告左手臂出现一些坏疽,她的一些手指也不得不切除。原告非常痛苦,遂将医院诉至法院要求承担责任。卡佐多法官在判决中认为:“每一个具有健全精神状态的成年人,都有权利决定怎样对待自己的身体。医师未经患者同意而对其实施手术,则构成伤害,应当承担损害赔偿责任。”[①]

该判决确认了患者的自我决定权,并且指出,未经患者同意而对其实施手术,构成伤害,应当承担赔偿责任。判决确认了专断性医疗行为的违法性,并认定承担伤害的法律责任。

从上述美国的判例可以看出,美国实务上重视并确认了患者的自我决定权,为保障患者自我决定权的行使,对医师告知义务(即信息披露义务)作了详细的规定。医师若未经同意而实施医疗行为,即专断性医疗行为是典型的侵权行为,具有违法性。“未经患者知情同意的医疗干预(专断医疗)在德国刑法上会构成伤害罪。在美国,故意伤害行为(assault and battery)和过失侵害行为(negligence)损害赔偿是规制知情同意原则的两种语境。”[②]简单来说,在美国,专断性医疗行为是以故意伤害行为或者过失侵害行为为由提起诉讼的。故意伤害意味着医师明知患者未同意而有意实施伤害,但实践中医师往往并不存在这种有意伤害。过失侵害理论针对故意伤害理论的缺陷,着重判断医师是否充分履行告知义务、是否尽了注意义务以及是否采取必要的措施回避风险发生。在今日美国,过失侵害行为是专断性医疗行为的主要诉因。[③]综上所述,在美国,对于专断性医疗行为基本以民事侵权行为来对待,既包括故意侵权也包括过失侵权。其中,过失侵权是主流。概言之,专断性医疗行为在美国主要是承担民事赔偿责任,并不涉及刑事责任。笔者在上文中已经指出,将专断性医疗行为的责任局限于民事责任,未免片面。专断性医疗行为侵犯的法益以及导致的后果并非民事法规可以规制和涵盖的,针对不同状况对专断性医疗行为作不同处理才是符合现实需要的。

---

① 参见王岳、邓虹:《外国医事法研究》,法律出版社 2011 年版,第 54—56 页。

② 赵西巨:《医事法研究》,法律出版社 2008 年版,第 94 页。

③ 参见杨秀仪:《“美国告知同意”法则之考察分析》,《月旦法学杂志》2005 年第 6 期。

三、我国台湾地区判例及学说立场述评

(一)鼻插管治疗案件

2005年10月30日,百岁老人甲因呼吸困难、肢体无力并腰疼痛,被紧急送往医院治疗。急诊室医师乙诊疗病情发现甲意识清醒,肢体可以移动。为改变甲的呼吸状况,先令护师对甲施以纯氧面罩数分钟。但甲经纯氧治疗后,仍无法有效吸收氧气,且医师乙对甲进行肺部听诊时,发现甲肺部发炎,无法有效排痰,于是决定对甲实施鼻插管治疗。甲之家属丙认为,医师乙没有对甲说明侵入性鼻插管治疗之必要性以及可能发现的不适,也未征得甲同意,属于违反病人意愿进行侵袭性治疗,因而对医生提起诉讼。检察官则认为医师行为是以强暴方式妨碍病人甲行使意思自主决定权,故根据台湾"刑法"第304条第一项强制罪提起诉讼。此案经地方法院审理后,认定不构成强制罪。判决理由如下:一、被告乙是急诊室医生,被告对甲实施的行为系救治性医疗行为,主观上不存在妨碍甲行使意义决定权之故意。二、甲当时处于肺炎引发呼吸衰竭症状,且无法有效排痰,有发绀窒息前兆且年龄较大,故甲当时处于紧急且危及状况。三、在此紧急状况下,纵然被告未向甲及其家属说明并取得同意后实施上述治疗行为,也无碍其业务上正当行为的成立,即便认定被告符合强制罪之构成要件,但却因业务上的正当行为而阻却违法性,故不成立强制罪。[①]

(二)处女膜撕裂伤案件

病患为未婚且无性经验的女性,前往被告妇科诊所进行诊疗时,医师对病人表示要进行内诊,以进一步确定内情,但未向病人解释内诊的实施方式。医师在内诊时,使用扩阴器不慎造成病患处女膜破裂出血。法院判决认为,被告虽未向病患履行充分告知义务,但告知义务的履行与伤害后果的产生并无直接关系。医疗服务本身具有一定的不可预知的危险性,医师给病患造成的伤害虽然不是妇科内诊必然发生的损害,即便认定内诊行为符合伤害罪的构成要件,也属于业务上的正当行为,阻却违法,即该不成立过失伤害罪。[②]

上述两个案件尽管最终被告均未被判决有罪,但两被告均以有罪被提起公诉。在"鼻插管治疗案件"中被告涉嫌强制罪被提起公诉,但法院以病患处于紧急状态且被告医疗行为属于业务上的正当行为为由判定被告不成立强制罪。在"处女膜撕裂

---

① 参见王皇玉:《强制医疗与紧急避难——评基隆地方法院"九五年"易字第二二三号判决》,载《月旦法学杂志》2007年第12期。

② 陈聪富:《医疗行为与犯罪行为(下)——告知后同意的刑法上的效果》,《月旦法学教室》第70期。

伤案件”中，法院主要是以被告行为属于业务上的正当行为，阻却违法性而不成立过失伤害罪。从这两个判例可以看出，台湾实务界对于专断性医疗行为认为具有成立犯罪的可能性——从上述两案件中的被告均以有罪被提起公诉即可证明。虽然最终法院均以各种理由否认了被告成立犯罪，这只是表明法院对专断性医疗行为认定为犯罪非常审慎。尤其是在“处女膜撕裂伤案件”中，由于医师并未向患者告知妇科内诊检查的特性以及可能造成的伤害，且这种伤害原本是可以预料和避免的，被告未尽应尽的义务而造成不必要的损害，具有成立过失伤害罪的余地。事实上，对于该判决结果理论上有不同意见，林东茂教授就认为该案中的被告应当成立业务过失伤害罪。[①] 尽管笔者所举两例被告均不成立犯罪，只是仅以有罪提起公诉而已，但结合台湾实务上其他判例可知，对专断性医疗行为，台湾实务上并未形成一致见解，即有的判决认为专断性医疗行为仅承担民事责任（“九十年度”上易字第四二五号判决）；有的则认为，说明义务的违反即注意义务的违反，应构成过失伤害罪（“九十四年度”台上字第二六七六号判决、“九五年度”台上字第三四七六号判决、“九八年度”台上字第九九九九号判决）。[②]

对于理论上关于专断性医疗行为的处遇，我国台湾地区主要有三种观点：(1)构成伤害罪（普通伤害罪或者重伤罪）。该观点依据造成伤害的不同后果分为普通伤害罪或重伤罪。在该立场内部，存在患者同意是阻却构成要件该当性还是阻却违法性的争论。认为专断性医疗行为构成伤害罪的立场是台湾学界关于专断性医疗行为处遇问题的主流观点。(2)构成过失致伤罪。该观点认为，医师负有告知患者医疗行为风险，并据此回避损害结果发生的义务。若医师没有尽到结果回避义务时，可以认定医师未尽注意义务而有过失。(3)不构成犯罪（负担民事责任）。该观点认为，在欠缺患者同意的情况下，侵犯的是患者的自我决定权，若没有造成损害，仅构成民事责任。该观点是将患者的自我决定权与身体健康权分离思考得出的结论。[③]

上述我国台湾地区判例和学说立场总体来说并未形成统一的态势，而是争议较大。不过，从判例和学说的主流立场来看，在一定条件下追究专断性医疗行为刑事责任是十分有力的观点，这种立场与德国判例与学说的立场颇为接近。这种立场一改原有的专断性医疗行为仅承担民事责任的做法，是对专断性医疗行为固有归责模式的强力冲击。

---

① 林东茂：《医疗上病患同意或承诺的刑法问题》，载《中外法学》2008 年第 5 期。

② 参见陈子平：《医疗上“充分说明与同意”之法理在刑法上的效应（下）》，载《月旦法学杂志》2010 年第 4 期。

③ 参见陈子平：《医疗上“充分说明与同意”之法理在刑法上的效应（下）》，载《月旦法学杂志》2010 年第 4 期。

四、我国大陆地区判例和学说

尽管我国大陆地区关于专断性医疗行为的关注较少，但仍然有可资借鉴的判例，其中具有代表性意义的无疑是最高人民法院颁布的具有指导性意义的案例。其中，“谷秀娟诉白城铁路医院未履行告知义务损害赔偿纠纷上诉案”[①]是关于专断性医疗行为的典型性判例。

1999 年 5 月，谷秀娟因患卵巢囊肿、子宫肌瘤，在白铁医院做 B 超、内诊检查，诊断为子宫肌瘤、左侧卵巢囊肿。同年 5 月 21 日白铁医院对谷秀娟实施手术，将谷秀娟右侧卵巢切除及子宫次全切。吉林省医疗事故技术鉴定委员会确认白铁医院对该患者右侧正常附件切除无依据，已构成二级乙等伤残事故。经吉林省高级人民法院法医学鉴定谷秀娟伤残八级。

原告诉称：1999 年 5 月 20 日因患卵巢囊肿以及子宫肌瘤，术前的 8 次 B 超检查和多次人工探查及内检，均一致诊断子宫肌瘤，左侧卵巢囊肿，手术医生在此基础上制定了切除子宫肌瘤和左侧卵巢去留术的决定方案。次日在手术过程，医生对原告做了子宫次全切和右侧卵巢切除。4 个月后原告仍感不适，到医院复查时发现左侧病变的卵巢依然存在，右侧无病的卵巢却被切除了。被告辩称：对原告的子宫肌瘤进行次全切，根据手术中的亲眼所见施行的右侧卵巢囊肿切除属于正常的医疗行为，不存在失职或过失问题，而是对患者肌体负责。谷秀娟手术后 4 个月时间有规律的月经，反映出卵巢无功能障碍发生，更谈不上对其他一些病症的直接或间接的连带影响。

二审法院审理后确认：原告的术前为左侧卵巢囊肿症（是单侧病变），但上诉人（医方）术中将右侧切除，而现在没有证据证明右侧卵巢病变，属于不正常医疗行为。且欲切除被上诉人（原告谷秀娟）右侧卵巢，未向被上诉人履行告知义务，致使原告误认为摘除的是左侧卵巢。上诉人的行为过错已经构成二级乙等伤残事故，被上诉人的伤残程度为八级。二审法院维持一审原判，判决被告对原告承担损害赔偿责任（包括伤残补偿费、伤残鉴定费、门诊费、药费、交通费以及精神损害补偿金等共计 150494.9 元）。

从二审法院对该案的判决可以看出，法院认定医方未向患者履行告知义务，未经患者同意而实施的医疗行为造成的损害应当承担赔偿责任。不过，尤其应当指出的

---

① 本案来源：《医疗损害赔偿——指导案例与审判依据》，法律出版社 2009 年版，第 19—23 页。该案原载于曹建民主编：《民事审判指导与参考》（2002 年第 4 卷，总第 12 卷），法律出版社 2002 年版。

是，在本案中，医方的手术切除行为本应针对患者左侧病变卵巢，但医方却因其疏忽切去患者右侧未病变卵巢，这与针对病灶实施的专断性医疗存在明显区别。该行为并不符合医学规则，并造成患者不必要的损害，毫无疑问是非法损害行为。此外，该判决仅涉及专断性医疗行为的民事责任，未涉及刑事责任，当然，这与本案的诉讼性质相关。

我国大陆地区在学理上探究专断性医疗行为性质的研究较少。在既有的研究中，多倾向于专断性行为认定为民事侵权行为，不追究刑事责任。例如刘明祥教授认为，专断性医疗行为即便违法，也只具有民事违法性，不具有刑事违法性，不可能构成伤害罪。[①] 杨丹博士认为，专断性医疗行为入罪化在我国现阶段不具有必要性和可行性。[②] 与之相反，冯军教授论证了专断性医疗行为刑事归责的必要性、归责的基础以及处罚的要件[③]，他的研究可以视为对专断性医疗行为刑事归责研究的开山之作，在现有的研究中属于“少见”乃至“异见”。笔者认为，在未厘清专断性医疗行为的性质以及后果的基础之上，将专断性医疗行为的责任追究仅囿于民事范畴未免有失片面，将专断性医疗行为的归责研究拓展到刑事责任至少在研究视野、方法和进路上来说具有创见性和开拓性。

从上可以看出，我国大陆地区判例和学说对于专断性医疗行为关注很少，对专断性医疗行为的归责研究难言让人满意。在零星的判例和论述中，大致形成了民事归责与刑事归责两种归责模式的对立。就研究结论而言，多以专断性医疗行为构成民事侵权、承担赔偿责任为主，而论及其刑事责任的极少。

五、本书的立场

在与医疗有关的刑法研究之中，学界主要集中于医疗事故和涉及医疗事故犯罪的研究。对于医疗事故而言，多以民事纠纷定性，而医疗事故刑事案件约占医疗事故案件总数的 3.11%。[④] 从医疗事故的处理现状可以窥见医疗行为的刑事归责全貌：

---

① 刘明祥：《伤害罪若干问题研究》，载冯军主编：《比较刑法研究》，中国人民大学出版社 2007 年版，第 367 页。

② 杨丹：《医疗刑法研究》，中国人民大学出版社 2010 年版，第 208 页。

③ 参见冯军：《专断性医疗行为的刑事处罚及其界限》，刘明祥主编：《过失犯研究——以交通过失和医疗过失为中心》，北京大学出版社 2010 年版，第 193—203 页。

④ 杨丹：《我国处理医疗事故刑事案件的实证分析》，载《中国刑事法杂志》2008 年第 11 期。应当说明的是，该数据的得出是杨丹博士根据中国法院网、北大法律信息网和北大法意网三个网站上的有关医疗事故的案件进行统计分析得出。这种统计可能存在两个问题：其一，网站案件数据未必能反映现实案件的全貌；其二，统计时间为 2008 年，能否反映最近几年的案件处理情况存在疑问。但这个数据较为真实客观，能够一定程度上反映有关医疗事故的归责情况。

针对医疗行为的刑事归责极少。自然，针对专断性医疗行为的刑事归责更少。对于此种现状，笔者认为难以令人满意，下文笔者将从两个方面进行阐释。

（一）对专断性医疗行为刑事归责的必要性

传统的将医疗行为和专断性医疗行为导致的损害界定为民事纠纷，并追究医方民事责任的做法，对相对而言处于较弱地位的患者来说权益保护并不充分。而医患纠纷处理的不尽如人意直接导致医患关系紧张。在现有的医疗行为民事纠纷中，针对医方的医疗损害行为，患方可以依照两种性质的请求权即违约责任与侵权责任来维护自己的权益。但不论依照何种性质的请求权都应遵从“谁主张、谁举证”基本原则，尽管根据《最高人民法院关于民事诉讼证据的若干规定》第 4 条第 1 款第 8 项的规定，由医疗机构就医疗行为与损害结果之间不存在因果关系及不存在医疗过失承担举证责任，即所谓的“举证责任倒置”，但患者仍然需要就存在就诊记录、损害事实、医疗过程等进行举证。由于住院记录、医学影像检查数据、特殊检查同意书、手术同意书以及病例讨论记录等都保存在医方手中，而且容易出现篡改和书写不实的情形，这增加了患者举证和胜诉的难度。以住院记录为例，患者需要出院后间隔一段时间才能凭证件去医院复印，原件始终由院方保存。因此，举证责任倒置并非意味着患者完全不需要举证，而是需要负担相当比例的举证责任，由于受到精力、财力以及个人能力的诸多限制，这对于患者而言可能意味着“不堪承受之重”。举证困难直接导致胜诉困难，因此，将医疗事故局限于民事纠纷对患者权益保护并不充分，对于专断性医疗行为的归责亦是如此。将某些造成严重损害后果的医事纠纷纳入刑事法规制，不但可以免除患方的举证责任，还可以对于医方的过错行为进行更为有效的惩戒，使得医方在实施医疗行为时持更为审慎、负责的态度，这对于患者权益保护而言更为有利。

反对者认为，将诸如专断性医疗行为的医疗纠纷纳入刑法规制，有违刑法的谦抑性。笔者对此不敢苟同。如所周知，刑法与民法的界分不在于保护的对象，而在于保护的手段。刑法与民法对于某项法益的保护并不相互排斥，而是以不同手段进行保护。以医疗事故为例，大多的医疗事故均以民事赔偿责任解决，意味着从民事法角度对患者权益进行保护。倘若超过一定限度，则超出了民事法所保护的范围，应当由刑法介入保护了。所以，针对某些严重的医疗事故必须以医疗事故罪进行惩戒。刑法作为最为严厉之法是其他部门法的“保障法”。换句话说，只有当其他部门法无法对某项法益进行较好的保护时，才动用刑法，谦抑性原则的核心要义即在于此。概言之，“凡是适用其他方法足以抑制某种违法行为、足以保护合法法益时，就不要将其规定为犯罪；凡是用较轻的刑法制裁方法足以抑制某种犯罪行为、足以保护合法权益时，就不要规定较重的制裁方法”①。由此可以看出，刑法的谦抑性并非意味不用或者少用刑法，而是要恰当的适用刑法——在需要出场的时候才出场。在需要出场的时候若不出场，不是对刑法谦抑性的遵守，而是对谦抑性原则的违反。刑法的谦抑性源于刑法的严厉性而对刑法随意发动进行限制，但并非意味着越少用越好——“该用则用、该用才用”才是真正捍卫了刑法的谦抑性。对于专断性医疗行为而言，尽量不适用刑法进行规制是对谦抑性原则的遵守，但无视客观事实，将专断性医疗行为的责任追究完全局限于民事责任是一种教条式的谦抑主义。对于某些专断性医疗行为来说，适用民事法已经不足以维护患者法益并对医方进行惩戒了，此时适用刑法进行规制是不得已而为之的必需。笔者并不否认大部分的专断性医疗行为适用民事法进行规制已然足够，但这并不能否认适用刑事法对其进行规制的可能。恰当的厘清专断性医疗行为的性质，准确地对专断性医疗行为民、刑责任进行划分，而不是罔视客观事实一刀切式地采用民事归责，才是正确的针对专断性医疗行为归责的态度，才是真正坚持了刑法的谦抑主义。

（二）对专断性医疗行为刑事归责的法理基础

一般来说，专断性医疗行为所侵犯的法益主要是患者的自我决定权和患者身体健康权，倘若危害生命，则侵犯了患者的生命权。通常而言，主要是侵犯自我决定权和身体健康权，侵犯生命的情况并不多见。以上述日本判例中的“左右乳房剔除手术”案件为例，医生对患者左侧乳房的切除即侵害了患者的自我决定权和身体健康权。一方面，患者具有是否切除左侧乳房的决定权利，医生未经同意而切除该乳房即侵犯了患者的自我决定权。此时患者的自我决定权表现为是否同意实施左侧乳房切除手术。从本质上来说，自我决定是患者意志自由的外在体现，侵犯患者的自我决定即侵害了患者的意志自由。另一方面，医生擅自切除患者左侧乳房造成患者身体上的严重损害，此即侵犯患者的身体健康权。

对于侵犯患者自我决定权而言，无需动用刑法进行规制，这是各国判例和学说所持的较为一致的立场，并多以精神抚慰金的形式予以民事赔偿。但根据我国有关精神损害赔偿的规定，并无针对侵犯患者自我决定权适用精神损害赔偿的明文依据。是否可以将自我决定权纳入到其他性质的权利比如人身自由权或者身体权等，尚存在争议。对于侵犯患者的身体健康权或者生命权而言，则具有刑事归责的理论基础。我国刑法针对有关身体健康和生命的犯罪主要是伤害罪（包括故意伤害罪和过失致人重伤罪）和致死罪（包括故意杀人罪和过失致人死亡罪）。因此，当专断性医疗行为损害患者健康或者生命时，有可能成立犯罪。

① 张明楷：《论刑法的谦抑性》，载《中南政法学院学报》1995年第4期。

综上，本书认为，专断性医疗行为主要侵犯患者自我决定权和身体健康权以及生命权。侵权的形态主要有两种：其一，当专断性医疗行为仅仅侵犯患者自我决定权时，不构成犯罪，仅承担民事责任。不过，根据我国现阶段的法律规定，对于该类侵权承担何种责任存在争议。其二，专断性医疗行为既侵犯患者自我决定权，又侵犯了患者的身体健康权或生命权，此时具有承担刑事责任的余地。当然，此时专断性医疗行为属于一行为侵犯数种权益，对于自我决定权而言，该行为不构成犯罪；对于身体健康或者生命权而言，具有构成犯罪的可能。

第二节　专断性医疗行为刑事责任的认定

一、专断性医疗行为成立犯罪的基本类型及刑事责任

（一）无患者同意的专断性医疗行为

该种专断性医疗行为是指患者没有作出任何同意，医生即给患者实施治疗行为。该种情况是最为典型意义上的专断性医疗行为。若该专断性医疗行为具有医学上的适应性并合乎医学规则，没有导致患者不必要的损害，则该行为仅侵害患者的自我决定权，而未造成其他损害，不承担刑事责任。例如，患者经诊断认定左侧乳房患有肿瘤，经患者同意后实施手术切除，在手术的过程中，医生发现患者右侧乳房也患有肿瘤，非切除不能治愈，医生未经患者同意将患者右侧乳房一并切除。尽管切除右侧乳房的行为未经患者同意，但该切除行为属于治疗乳房肿瘤必要之手段，符合医学规则，没有造成不必要的损害，该专断性医疗行为不构成犯罪。

若医师的专断性医疗行为给患者造成不必要的损害，则可以成立故意伤害罪。以上述“谷秀娟诉白铁医院”案件为例，医生本应切除患者谷秀娟病变左侧卵巢，但医生没有按照术前约定切除谷秀娟左侧卵巢，而是在未经患者同意的情况下，径直将患者右侧未病变卵巢切除，其理由是“根据手术中亲眼所见施行的右侧卵巢囊肿切除属正常的医疗行为，不存在失职或者过失行为，而是对患者肌体负责”。在该案中，医生原本应当切左侧病变卵巢，医生不但没有切除，反而基于自己的某种认识切除患者右侧未病变卵巢，本书认为医生的该行为已经构成故意伤害罪（重伤）。另一个需要回答的问题是：该行为是否可以成立医疗事故罪？根据我国刑法第 235 条之规定，医疗事故罪的核心在于“医务人员严重不负责任导致患者损害”，其主观要件是“过失”。本案呈现的证据表明，白铁医院医师并未将右侧未病变卵巢误认为是左侧病变卵巢，故医生并未对该手术对象产生认识错误。医师是在正确认识到自己所切除的是右侧

卵巢,依据是“手术时所见”,然而术前的详细检查并未显示患者右侧卵巢病变,据此可以认定医师在手术中认为右侧卵巢应当切除不存在任何医学上的依据,故不能成立过于自信的过失,只能认定为故意。这也一并回答了该行为为什么不成立过失犯罪。

在其他条件不变的情况下,倘若医生将患者右侧未病变卵巢误认为是左侧病变卵巢,并根据术前签订的手术同意书而予以切除的话,则属于事实认识错误。应当特别指出的是,这种认识错误不是对象认识错误,而是违法阻却事由的认识错误。对象认识错误是指误将甲对象当作乙对象加以侵害,对象错误不阻却故意的成立。而违法阻却事由的认识错误,是指本不存在违法阻却事由,行为人误认为存在的情形。违法阻却事由的认识错误阻却故意的成立,仅存在成立过失的可能。根据上述假设,医生表面上是将右侧卵巢误认为是左侧卵巢,形式上看是对象认识错误,但从实质上而言,医生是将切除右侧卵巢的违法行为误认为是合乎规则的正当医疗(左侧卵巢切除)行为,这是违法阻却事由的认识错误,阻却故意的成立,只能认定为过失。那么,该种情形应当成立医疗事故罪抑或过失重伤罪?本书认为,医生该种行为属于想象竞合犯,按照较重的罪来认定。

综上可以看出,专断性医疗行为造成损害可以分为两种情况,一种是符合医学规则,造成患者医学上允许的损害;一种不符合医学规则,造成了医学上不允许的损害。前者不存在刑事责任的问题,后者才可能承担刑事责任。在存在后一种情况时,基于医生的不同认识又可以分为两种情形。一种是医生对于患者病情认识清楚,但在实施诊疗行为中发现患者其他病症,而未经患者同意对其他病症实施医疗行为。如医生本应切除患者左侧卵巢,在术中发现患者右侧卵巢也病变(但无需切除),将患者右侧卵巢一并切除的行为。对于该种行为,由于医生违背了医学术前检查规则且明知未经患者同意,只能认定为故意类型的犯罪。另一种情形是,医生对患者病情认识清楚,在实施诊疗行为中,由于认识错误,误将其实施的非法医疗行为认为是经患者同意的正当行为。如医生本应切除患者左侧病变卵巢,却由于疏忽将右侧未病变卵巢切除。此种情形属于违法阻却事由认识错误,不能成立故意犯罪,属于过失致重伤(死)罪与医疗事故罪的竞合,应当根据想象竞合犯的原理来认定。

(二)有患者同意的专断性医疗行为

因为此种情形中存在患者同意,所以也称为非典型的专断性医疗行为。有患者“同意”的专断性医疗行为可以分为两种,一种是超出患者同意范围的专断性医疗行为,另一种是受欺诈、胁迫作出同意情形下的专断性医疗行为。

超出患者同意范围的“同意”实质上可以划分为两个部分:一部分是具有患者同意的部分,另一部分是不具有患者同意的部分,即超出患者同意范围的部分。对于前一部分而言，由于存在患者的同意，该部分不属于专断性医疗行为，自然不需要讨论专断性医疗行为的刑事责任问题。对于后一部分，由于欠缺患者同意，属于专断性医疗行为；在前文中，笔者已经论证了“同意”的性质，即同意只存在有无之分，而无程度之别。换言之，笔者并不赞同“部分同意、部分不同意”这种提法，“部分不同意”其实就是就该部分而言没有征得患者同意，不存在“半同意半不同意”这种现象。因此，尽管在这种情形下存在着患者同意，与完全不具有患者同意的第一种情形存在区别，但对于未同意的部分，与上述第一种典型意义的专断性医疗行为并无差异，应当按照典型意义类型的专断性医疗行为来认定责任。申言之，超出患者同意的专断性医疗行为存在着两个行为：一个行为是具有患者同意的医疗行为，不属于专断性医疗行为。另一个行为是欠缺患者同意的医疗行为，即典型的专断性医疗行为，应根据不同情况来认定刑事责任。

受欺诈或者胁迫作出的同意属于有瑕疵的同意，日本学者山口厚教授将之称为基于受骗所致的错误的同意和基于因受胁迫而被压制的意思的同意。[①] 在德国，对于有瑕疵的同意的效力，一直存在着“全面无效说”与“法益错误说”的对立。前者认为，只要同意中存在重大错误，同意即为无效；后者则认为，并非所有错误都会使同意无效，只有那些与法益本身的性质、内容和影响相关的错误，才能导致同意无效。[②]“全面无效说”一直在理论与实务界占有十分重要的地位，但近来“法益错误说”正成为强有力的学说，并在我国获得了学者的肯定和支持。[③] 对于侵入性医疗行为而言，因欺骗或胁迫而作出同意，本书赞同“全面无效说”。首先，“同意”本为患者意思表示，应以真实为限。即患者作出的同意应是患者真实意思表示，否则则不是“自己”同意，而是“他人”同意。其次，患者同意背后矗立的是患者的自我决定权，自我决定权的核心要义在于“自己的事情自己决定”。不论是受欺骗还是胁迫，患者的自我决定均失去了自治性而受到影响乃至强制，患者自我决定权受到侵害。最后，对于侵入性医疗行为而言，由于损害的是患者的身体健康权或者生命权，对同意的效力应当从严限定，有瑕疵的同意应认定为无效同意。在合同法领域，有瑕疵的承诺导致合同效力待定而非无效，这是因为民法强调意思自治，对于财产的处分尤其如此。但在刑法领域，被害人同意错误会导致被害人重大法益损害，所以有瑕疵的同意并非效力待定，只要关涉被害人法益损害，有瑕疵的同意均属无效。上述“全面无效说”与“法益错误

① 参见［日］山口厚：《刑法总论》（第2版），付立庆译，中国人民大学出版社2011年版，第158—160页。

② 车浩：《德国关于被害人同意之错误理论的新进展》，载《环球法律评论》2008年第6期。

③ 相关论文参见：冯军：《被害人承诺的刑法涵义》，载《刑法评论》2002年第1卷；黎宏：《被害人承诺问题研究》，载《法学研究》2007年第1期。

说”尽管对于被害人同意错误是否全部无效存在争议，但对于与被害人法益相关的同意错误，两者均认为无效，这是基本共识。因此，针对有损患者身体健康或者生命的医疗行为而言，因欺骗或胁迫作出的同意应属无效同意。既然因欺骗和胁迫导致的同意无效，可以将其直接视为没有同意，没有患者同意的医疗行为自然属于专断性医疗行为。因此，笔者认为，在受医生欺骗或者胁迫的情形下，患者作出的同意无效，医生实施的医疗行为属于典型意义的专断性医疗行为，对于其刑事责任的认定应参照上述“无患者同意的专断性医疗行为”。

（三）形式上的专断性医疗行为

之所以将第三类称之为形式上的专断性医疗行为，是因为该类行为不具有专断性医疗典型性特征，但具有专断性医疗行为的某些特质，从这个意义上来说，该类行为不是专断性医疗。因为该类行为与专断性医疗行为具有关联性且较为常见，故在此一并讨论。真正意义上的专断性医疗行为是积极治疗行为，而消极不予治疗的行为则可以成为“形式上的专断性医疗行为”。此种情况主要是患者要求医生进行治疗，但医生基于某种原因拒绝治疗。此种情形虽非欠缺患者同意，而是医生违背患者意愿拒不治疗，从某种意义上来说，违背患者意愿与欠缺患者同意具有相通性，但不能完全等同。在欠缺患者同意而实施诊疗行为的情况下，患者事后既有可能认为符合其意愿，也有可能认为违背其意愿。由于患者的要求未必符合医学上的治疗规则以及患者的最佳利益，因此是否遵从患者的要求对患者实施诊疗行为应当由医生来判断。如果医生拒绝患者的要求具有合理性且符合医学规定，即便患者产生损害，医生也不应当承担责任。例如，对于一般性感冒而言，并不需要抗生素以及输液进行治疗，甚至可以不用药利用患者自身免疫系统自愈。如若患者强行要求输液，医生拒不同意，此时患者产生的发烧、头疼等病症医生并不需要为此承担责任。反之，若患者要求合理并符合治疗的需要，而医生此时基于某种原因拒不治疗，由此导致的损害医生应当承担责任。从刑法角度而言，此种情形属于不作为犯，应根据具体情况的不同认定为故意或者过失犯罪。

二、专断性医疗行为的正当化

专断性医疗行为如若造成刑法关注的损害后果时，具有成立犯罪的可能。在前文中，本书已经论述了在紧急医疗以及强制医疗的情形下，虽欠缺患者同意，但因为具有正当性事由，故阻却责任的成立。被害人承诺是医疗行为正当化事由，但由于专断性医疗行为是欠缺患者同意的行为，故被害人承诺不能作为专断性医疗行为的免责事由。然而，由于被害人的同意能力并不是无限的，被害人对重伤以及死亡的承诺不具有效力，即便存在该种承诺，行为人实施重伤或者致死被害人的行为应当承担伤害或者杀人罪的责任。在医疗行为中，诸如截肢等重大的手术行为一般都是对患者的重大伤害行为，此时患者的同意（被害人同意）并不能阻却责任的成立，换句话说，由于患者对于重伤害的承诺无效，医生的手术行为不能根据被害人承诺理论来免除责任。因此，本书认为，对于给患者造成重大损害的重大手术行为，虽经患者同意，但根据被害人承诺理论，该种同意属于无效同意，而无效同意可以视为没有同意，正是从这个意义上来说，经患者同意的重大手术行为从实质上来说是专断性医疗行为。简而言之，重大手术不可能基于同意而阻却违法。[①] 既然对于严重损害患者身体的重大手术行为，患者同意并不能阻却违法性，那么医生的重大手术行为因何而具有正当性？紧急避险是一个解释的进路。根据紧急避险理论，要求所损害的利益要小于所保护利益，才成立避险适当，这一标准在重大手术行为中成为问题。例如多指切除手术，被害人因患有多指症而要求切除多余手指，该手术属于对身体造成严重损害的重大手术。然而，切除手术行为并非是为保护患者更大的健康或者生命利益，甚至患者患多指症并不会给患者本身造成任何损害，切除多指手术自然不能依据紧急避险理论而具有正当性。因此，紧急避险理论不能成为重大手术的违法阻却事由。本书认为，重大手术的违法阻却根据在于正当业务行为。所谓正当业务行为，是指虽没有法律明文规定，但在社会生活上被认为是正当的业务上的行为，例如职业性的体育活动。实施正当业务行为，若符合“业务”规则，即便造成他人伤害，也认为是“正当”的，不构成犯罪，但超出正当范围的行为依然可以成立犯罪。医学上的治疗行为是典型的正当业务行为。是以，只要重大手术行为符合医学治疗规则，虽然对患者身体造成严重损害，但该种损害在业务上来说具有“正当性”，对此造成的损害医生不承担责任。并且，疾病的复杂性导致医疗行为疗效的不确定性，即便是技术极为精湛的医生，也不可能预见手术中出现的所有情况——何况有些因素根本就是无法预见的，所以在某些大型复杂的手术中由于不确定因素或者并发症导致患者死亡的情况较为常见。即便导致患者死亡，只要医生的手术行为符合医学上公认的治疗规则，医生对于患者的死亡也不承担责任，其根据仍然在于医疗行为是正当业务行为。由此可以看出，对于超出患者同意能力范围的重伤害甚至死亡的承诺如重大手术行为（专断性医疗行为），应当根据正当业务行为理论排除医疗损害行为的违法性。

三、专断性医疗行为成立犯罪的基本形式

（一）故意、过失犯罪并存，而非以过失为主

传统理论认为，医疗损害行为主观方面多为过失，故在民事法领域追究医疗损害

① 郑逸哲：《重大手术不可能仅基于“同意”而阻却违法》，载《月旦法学教室》第 91 期。

责任时，多以过失责任为主。[①] 医疗损害在民事法领域多以承担过失责任为主，并不意味着医疗行为构成犯罪时，多以过失犯罪为主，对专断性医疗行为这种特殊形式的侵权行为而言更是如此。经笔者梳理，专断性医疗行为在我国刑法中可能成立的罪名有故意杀人罪，过失致人死亡罪，故意伤害罪，组织出卖人体器官罪，过失重伤罪，非法采集，供应血液，制作，供应血液制品罪，采集、供应血液、制作、供应血液制品事故罪，医疗事故罪等八种。在这八个所涉罪名中，故意犯罪（故意杀人罪，故意伤害罪，组织出卖人体器官罪，非法采集、供应血液、制作、供应血液制品罪）与过失犯罪（过失致人死亡罪，过失重伤罪，采集、供应血液、制作、供应血液制品事故罪，医疗事故罪）各半，均为四个。从罪名数量上来看，至少故意犯罪与过失犯罪构成均势，不存在谁多谁少的问题。从具体案件的发生情况来看，专断性医疗行为构成故意犯罪情形并不鲜见，这从上述专断性医疗行为具体类型责任认定可以看出。由于我国医疗损害主要以承担民事责任为主，承担刑事责任的极少，更不用说专断性医疗行为承担刑事责任了。故而可以说，专断性医疗行为在我国司法实践中成立犯罪的情况极少——不论是故意还是过失犯罪。但正如笔者所言，此种情形虽是“存在的”但并非“合理”。对于专断性医疗行为而言，由于医生主观上通常明知未经患者同意且知晓自己的行为对患者导致的损害，然医师决意实施该种行为，故基本上能认定犯罪故意的成立。在本书上述域外国家和地区既有的案例或者判例中，专断性医疗行为多以故意伤害罪或者强制罪被追诉，这也可以间接证明专断性医疗行为的犯罪故意。以故意犯罪来追究专断性医疗行为的刑事责任或许为医生乃至常人所难以接受，但这并不能改变专断性医疗行为成立故意犯罪的事实。总之，专断性医疗行为既可以成立故意犯罪，也可能构成过失犯罪，而并非“以过失为主、以故意为辅”。摒弃既有的偏见和错误认识对于专断性医疗行为的准确定性极为重要。

（二）侵害人身权益、公共卫生秩序并存，而非以侵害公共卫生秩序为主

专断性医疗行为主要侵犯两个性质的法益，即患者自我决定权和患者的身体健康权或生命权，不论是患者自我决定权还是健康权抑或生命权，均属于患者的人身权益，故专断性医疗行为侵犯的主要法益是人身权利。由于我国刑法针对医疗行为的犯罪主要规定在妨害社会管理秩序罪中的危害公共卫生罪中，造成医疗犯罪主要是侵犯公共卫生秩序的印象。笔者并不否认诸如非法采集、供应血液、制作、供应血液

---

① 参见朱柏松、詹森林、张新宝、陈忠五、陈聪富合著：《医疗过失举证责任之比较》，华中科技大学出版社 2010 年版。该书是由五位作者的各自一篇论文集合而成。在本书中，几位作者就日本医疗过失举证责任、德国医疗过失举证责任、中国医疗损害赔偿案件的过失认定、法国法上医疗过错的举证责任、美国医疗过失举证责任等方面进行了深入探讨。从这几篇论文可以看出，上述国家的医疗损害以过失侵权为主。

制品罪，采集、供应血液、制作、供应血液制品事故罪，医疗事故罪等罪名侵犯的法益主要是公共卫生秩序，但即便在这几个罪名中，犯罪行为仍然侵害了患者的人身权益。换言之，对于这几个罪名而言，以侵害公共卫生秩序为主，以侵害人身权益为辅。因此，对于专断性医疗行为在我国刑法上所称构成的犯罪而言，必定侵害的是人身权益。专断性医疗行为直接损害患者的人身权益（包括自我决定权、身体健康、生命权），间接有可能侵害公共卫生秩序，但主要危害性仍然在于人身权益损害。笔者对专断性医疗行为所侵害法益的揭示试图传达这样的信息：专断性医疗行为既可能侵害人身权益，也可能侵害公共卫生秩序，并非以侵害公共卫生秩序为主、以侵害人身权益为辅。这对于界定专断性医疗行为的性质以及具体罪名的认定具有重要意义。

参考文献

一、专著类

1. 李海东:《刑法原理入门(犯罪论基础)》,法律出版社 1998 年版。

2. 马克昌主编:《犯罪通论》,武汉大学出版社 1999 年版。

3. 马克昌:《比较刑法原理》,武汉大学出版社 2002 年版。

4. 马克昌主编:《近代西方刑法学说史》,中国人民公安大学出版社 2008 年版。

5. 马克昌、高铭暄主编:《刑法学》,北京大学出版社、高等教育出版社 2000 年版。

6. 张明楷:《刑法格言的展开》,法律出版社 1999 年版。

7. 张明楷:《法益初论》,中国政法大学出版社 2000 年版。

8. 张明楷:《外国刑法纲要》(第二版),清华大学出版社 2007 年版。

9. 张明楷:《罪刑法定与刑法解释》,北京大学出版社 2009 年版。

10. 张明楷:《刑法学》(第四版),法律出版社 2011 年版。

11. 张明楷:《犯罪构成体系与构成要件要素》,北京大学出版社 2010 年版。

12. 张明楷:《刑法原理》,商务印书馆 2011 年版。

13. 陈兴良:《刑法哲学》(修订二版),中国政法大学出版社 2000 年版。

14. 陈兴良:《本体刑法学》,商务印书馆 2001 年版。

15. 陈兴良:《共同犯罪论》(第二版),中国人民大学出版社 2006 年版。

16. 陈兴良:《规范刑法学》(第二版),中国人民大学出版社 2008 年版。

17. 陈兴良主编:《刑法学》(第二版),复旦大学出版社 2009 年版。

18. 陈兴良主编:《刑法总论精释》,人民法院出版社 2010 年版。

19. 赵秉志主编:《新刑法教程》,中国人民大学出版社 1997 年版。

20. 冯军:《刑事责任论》,法律出版社 1996 年版。

21. 冯军主编:《比较刑法研究》,中国人民大学出版社 2007 年版

22. 刘明祥:《刑法中错误论》,中国检察出版社 2003 年版。

23. 屈学武主编:《刑法总论》,社会科学文献出版社 2004 年版。

24. 储槐植:《刑事一体化》,法律出版社 2004 年版。
25. 储槐植:《美国刑法》(第三版),北京大学出版社 2005 年版。
26. 黎宏:《刑法总论问题思考》,中国人民大学出版社 2007 年版。
27. 张晋藩主编:《中国法制史》,中国政法大学出版社 1999 年版。
28. 刘作翔:《法律文化理论》,商务印书馆 1999 年版。
29. 何秉松:《犯罪构成系统论》,中国法制出版社 1995 年版。
30. 刘生荣:《犯罪构成原理》,法律出版社 1997 年版。
31. 肖中华:《犯罪构成及其关系论》,中国人民大学出版社 2003 年版。
32. 杨兴培:《犯罪构成原论》,中国检察出版社 2004 年版。
33. 李立众:《犯罪成立理论——一个域外方向的尝试》,法律出版社 2006 年版。
34. 薛瑞麟:《犯罪客体论》,中国政法大学出版社 2008 年版。
35. 劳东燕:《刑法基础的理论展开》,北京大学出版社 2008 年版。
36. 周光权:《刑法总论》,中国人民大学出版社 2007 年版。
37. 周光权:《犯罪论体系的改造》,中国法制出版社 2009 年版。
38. 陈家林:《外国刑法通论》,中国人民大学出版社 2009 年版。
39. 付立庆:《犯罪构成理论:比较研究与路径选择》,法律出版社 2010 年版。
40. 童德华:《刑法中的期待可能性论》,中国政法大学出版社 2003 年版。
41. 童伟华:《犯罪客体研究——违法性的中国语境分析》,武汉大学出版社 2005 年版。
42. 熊琦:《德国刑法问题研究》,台湾元照出版有限公司 2009 年版。
43. 冯亚东等:《中国犯罪构成体系完善研究》,法律出版社 2010 年版。
44. 陈璇:《刑法中社会相当性理论研究》,法律出版社 2010 年版。
45. 刘士心:《美国刑法中的犯罪论原理》,人民出版社 2010 年版。
46. 洪福增:《刑法理论之基础》,台湾三民书局 1977 年版。
47. 王玉成:《社会变迁中之罪刑法定原则》,台南大伟书局 1988 年版。
48. 甘添贵:《刑法之重要理念》,台湾瑞兴图书股份有限公司 1996 年版。
49. 陈志龙:《法益与刑事立法》(第三版),作者 1997 年自版。
50. 苏俊雄:《刑法总论 II》(修正版),作者 1998 年自版。
51. 余振华:《刑法违法性理论》,台湾元照出版有限公司 2001 年版。
52. 韩忠谟:《刑法原理》,中国政法大学出版社 2002 年版。
53. 柯耀程:《变动中的刑法思想》,中国政法大学出版社 2003 年版。
54. 柯耀程:《刑法的思与辩》,中国人民大学出版社 2008 年版。
55. 王岳、邓虹:《外国医事法研究》,法律出版社 2011 年版。

56. 张丽卿:《新刑法探索》(第二版),台湾元照出版有限公司 2006 年版。

57. 刘明祥:《过失犯研究——以交通过失和医疗过失为中心》,北京大学出版社 2010 年版。

58. 夏芸:《医疗事故赔偿法——来自日本法的启示》,法律出版社 2007 年版。

59. 杨丹:《医疗刑法研究》,中国人民大学出版社 2010 年版。

60. 郑逸哲:《法学三段论法下的刑法与刑法基本句型(二)——刑法进阶》,作者 2006 年自版。

61. 郑逸哲:《法学三段论法下的刑法与刑法基本句型(一)——刑法初探》(增修四版),作者 2009 年自版。

62. 郑逸哲:《刑事法学及其方法(三)——刑法总则与分则的对话》(增修三版),作者 2010 年版。

63. 赵西巨:《医事法研究》,法律出版社 2008 年版。

64. 林山田:《刑法通论(上册/下册)》(增订十版),北京大学出版社 2012 年版。

65. 林山田:《刑法各罪论(上册/下册)》(修订五版),北京大学出版社 2012 年版。

66. 陈子平:《刑法总论》(增修版),中国人民大学出版社 2009 年版。

67. 刘维新:《医事刑法初论》,中国人民公安大学出版社 2009 年版。

68. 靳宗立:《刑法总论Ⅰ——刑法基础理论暨犯罪论》,作者 2010 年自版。

69. 林钰雄:《新刑法总则》,中国人民大学出版社 2009 年版。

70. 何庆仁:《义务犯研究》,中国人民大学出版社 2010 年版。

71. 林东茂:《一个知识论上的刑法学思考》,中国人民大学出版社 2009 年版。

72. 林东茂:《刑法综览》(修订五版),中国人民大学出版社 2009 年版。

73. 黄荣坚:《基础刑法学(上/下)》(第三版),中国人民大学出版社 2008 年版。

74. 许玉秀:《当代刑法思潮》,中国民主法制出版社 2005 年版。

75. 许玉秀、陈志辉合编:《不移不惑献身法与正义——许乃曼教授刑事法论文选辑》,台北新学林出版股份有限公司 2006 年版。

76. 许玉秀:《主观与客观之间——主观理论与客观归责》,法律出版社 2008 年版。

77. [日]木村龟二主编:《刑法学词典》,顾肖荣等译,上海翻译出版公司 1991 年版。

78. [日]野村稔:《刑法总论》,全理其、何力译,法律出版社 2001 年版。

79. [日]大塚仁:《犯罪论的基本问题》,冯军译,中国政法大学出版社 1993 年版。

80. [日]大塚仁:《刑法概说(总论)》(第三版),冯军译,中国人民大学出版社 2002 年版。

81. [日]小野清一郎:《犯罪构成要件理论》,王泰译,中国人民公安大学出版社 2004 年版。

82. [日]曾根威彦:《刑法学基础》,黎宏译,法律出版社 2005 年版。

83. [日]泷川幸辰:《犯罪论序说》,王泰译,法律出版社 2005 年版。

84. [日]西田典之:《日本刑法总论》,刘明祥、王昭武译,中国人民大学出版社 2007 年版。

85. [日]西田典之:《日本刑法各论》,刘明祥、王昭武译,武汉大学出版社 2005 年版。

86. [日]西原春夫:《犯罪实行行为论》,戴波、江溯译,北京大学出版社 2006 年版。

87. [日]大谷实:《刑法讲义总论》(新版第 2 版),黎宏译,中国人民大学出版社 2008 年版。

88. [日]大谷实:《刑法讲义各论》(新版第 2 版),黎宏译,中国人民大学出版社 2008 年版。

89. [日]山口厚:《刑法总论》(第 2 版),付立庆译,中国人民大学出版社 2011 年版。

90. [德]恩施特·贝林:《构成要件理论》,王安异译,中国人民大学出版社 2006 年版。

91. [德]拉德布鲁赫:《法学导论》,米健、朱林译,中国大百科全书出版社 1997 年版。

92. [德]汉斯·海因里希·耶赛克、托马斯·魏根特:《德国刑法教科书》,徐久生译,中国法制出版社 2001 年版。

93.[德]克劳斯·罗克辛:《德国刑法学 总论(第 1 卷)》,王世洲译,法律出版社 2005 年版。

94. [德]克劳斯·罗克辛:《德国刑法学 总论(第 2 卷)》,王世洲译,法律出版社 2013 年版。

95. [德]克劳斯·罗克辛:《刑事政策与刑法体系》(第二版),蔡桂生译,中国人民大学出版社 2010 年版。

96. [德]冈特·施特拉腾韦特、洛塔尔·库伦:《刑法总论Ⅰ——犯罪论》,杨萌译,法律出版社 2006 年版。

97. [德]约翰内斯·维塞尔斯:《德国刑法总论》,李昌珂译,法律出版社 2008

年版。

98. [意]杜里奥·帕多瓦尼:《意大利刑法学原理》(注评版),陈忠林译评,中国人民大学出版社 2004 年版。

99. [法]卡斯东·斯特法尼等:《法国刑法总论精义》,罗结珍译,中国政法大学出版社 1998 年版。

100. [英]J. C. 史密斯、B. 霍根:《英国刑法》,李贵方等译,法律出版社 2000 年版。

101. [英]亨利·萨姆奈·梅因:《古代法》,高敏、瞿慧虹译,九州出版社 2007 年版。

102. [美]乔治·弗莱彻:《反思刑法》,邓子滨译,华夏出版社 2008 年版。

103. [美]道格拉斯·N·胡萨克:《刑法哲学》,谢望原等译,中国人民公安大学出版社 2004 年版。

104. [日]植木哲:《医疗法律学》,冷罗生等译,法律出版社 2006 年版。

105. [英]马克·施陶赫:《英国与德国的医疗过失比较研究》,唐超译,法律出版社 2012 年版。

106. [德]黑格尔:《法哲学原理》,范扬、张企泰译,商务印书馆 1996 年版。

107. [法]雷蒙·阿隆:《论自由》,姜志辉译,上海译文出版社 2009 年版。

二、论文类

1. 郑逸哲:《"告知义务"和术前"评估义务"并非"注意义务"》,载《月旦裁判时报》,2010 年 12 月。

2. 郑逸哲:《"医疗行为"属"拦截另一因果过程的行为"》,载《月旦法学杂志》,第 184 期(2010 年 9 月)。

3. 吴俊颖、赖慧蓁、陈荣基:《医疗过失判断的困境》,载《法学新论(第 17 期),2009 年第 17 期。

4. 王皇玉:《整形美容、病人同意与医疗过失中之信赖原则》,载《月旦法学杂志》,第 127 期(2005 年 12 月)。

5. 吴志正:《存活机会丧失——医疗损害之迷思》,载《月旦法学杂志》,第 150 期(2007 年 11 月)。

6. 王皇玉:《强制医疗与紧急避难评基隆地方法院"九五年"易字第二二三号判决》,载《月旦法学杂志》,2007 第 12 期。

7. 王皇玉:《堕胎行为胎儿未死亡之探讨》,载《月旦法学杂志》,第 156 期(2008 年 5 月)。

8. 王皇玉:《德国医疗刑法论述概说》,载《月旦法学杂志》,第 170 期(2009 年 7 月)。

9. 林东茂:《医疗上病患同意或承诺的刑法问题》,载《中外法学》,2008 年第 5 期。

10. 林东茂:《刑事医疗过失探微——从一个案例说起》,载《月旦法学杂志》,第 176 期(2010 年 1 月)。

11. 张丽卿:《医疗纠纷鉴定与刑事责任认定——以戒毒致死案为例》,载《月旦法学杂志》,第 157 期(2008 年 6 月)。

12. 林萍章:《医疗常规与刑事责任》,载《月旦法学杂志》,第 175 期(2009 年 12 月)。

13. 王晖智:《医疗分工与责任的范围》,载《月旦法学杂志》,第 176 期(2010 年 1 月)。

14. 陈子平:《医疗上"充分说明与同意"之法理在刑法上的效应(上)》,载《月旦法学杂志》,第 178 期(2010 年 3 月)。

15. 陈子平:《医疗上"充分说明与同意"之法理在刑法上的效应(下)》,载《月旦法学杂志》,第 179 期(2010 年 4 月)。

16. 陈子平:《团队医疗与刑事过失责任(上)》,载《月旦法学杂志》,第 190 期(2011 年 3 月)。

17. 陈子平:《团队医疗与刑事过失责任(下)》,载《月旦法学杂志》,第 191 期(2011 年 4 月)。

18. 陈运财:《医疗刑事诉讼之证明活动》,载《月旦法学杂志》,第 183 期(2010 年 8 月)。

19. 许泽天:《过失不作为犯之结果归责——切除肿瘤成植物人案之评析》,载《月旦法学杂志》,第 187 期(2010 年 8 月)。

20. 王志嘉:《论急救与转诊义务》,载《月旦法学杂志》,第 183 期(2010 年 12 月)。

21. 周庆东:《刑法意义中的交通信赖原则》,载《月旦法学杂志》,第 193 期(2011 年 6 月)。

22. 曾淑瑜:《医师之说明义务与病人之同意》,载《法官协会杂志》,2007 年 6 月。

23. 杨秀仪:《告知后同意法则之司法实务发展》,载《台湾本土法学杂志》,2005 年 8 月。

24. 王志嘉:《论医疗上"病人自我决定权"及其刑法相关问题》,载《东吴法研论集》,2009 年 12 月。

25. Ulrich Schroth:《医疗专断行为中之医师的说明义务与德国法上关于器官捐助义务的说明》,马翟中译,载《法学新论》,2010 年 10 月。

26. 赵西巨:《患者同意在刑法中的价值:医疗例外及其限制》,载《南京医科大学学报(社会科学版)》,2008 年第 1 期。

27. 赵西巨:《从知情同意原则的历史渊源和发展轨迹看其所保护之权利及其性质》,载《南京医科大学学报(社会科学版)》,2005 年第 4 期。

28. 赵西巨:《医疗过失与因果关系之认定:英美法中的理论与具体规则》,载《东方法学》,2011 年第 1 期。

29. 赵西巨:《论知情同意法则的疆域拓展——医生对非医疗信息的告知》,载《东方法学》,2010 年第 5 期。

30. 赵西巨:《医生对新疗法的使用和告知》,载《东方法学》,2009 年第 6 期。

31. 赵西巨:《知情同意原则中的信息披露问题研究》,载《中国医学伦理学》,2004 年第 4 期。

32. 赵西巨:《英美刑法中的"同意"抗辩》,载《刑事法评论》,2008 年第 1 期。

33. 臧冬斌:《日本刑法中的医疗水准论》,载《环球法律评论》,2008 年第 3 期。

34. 臧冬斌:《医疗事故罪研究》,武汉大学博士论文 2002 年。

35. 臧冬斌:《转医义务及其刑事责任论析》,载《中州学刊》,2006 年第 6 期。

36. 臧冬斌:《医疗事故罪犯罪对象研究》,载《河南师范大学学报》,2006 年第 6 期。

37. 强美英:《论医疗过失的认定》,载《法学杂志》,2010 年第 8 期。

38. 杨立新:《论医疗过失的证明及举证责任》,载《法学杂志》,2009 年第 6 期。

39. 郭升选、李菊萍:《论医疗注意义务与医疗过失的认定》,载《法律科学》,2008 年第 3 期。

40. 张爱艳:《医疗过失犯的限缩——以注意义务阻却事由为视角》,载《中国刑事法杂志》,2008 年第 6 期。

41. 夏芸:《日本医疗诉讼改革及对鉴定结论的评价》,载《证据科学》,2009 年第 3 期。

42. 夏芸:《患者自己决定权和医师裁量权的冲突——评"病人基于宗教信仰拒绝接受输血案"》,载《南京大学法律评论》,2003 年春季号。

43. 夏芸:《再考"医疗水平论"及医疗过失判断标准》,载《东方法学》,2011 年第 5 期。

44. 曹菲:《医事刑法基本问题研究》,载《环球法律评论》,2011 年第 4 期。

45. 莫洪宪、刘维新:《医事刑法视域中的精神障碍》,载《中国刑事法杂志》,2011

年第5期。

46. 莫洪宪、杨文博:《医事刑法学中医疗行为概念的新界定》,载《国家检察官学院学报》,2011年第2期。

47. 黎宏:《被害人承诺问题研究》,载《法学研究》,2007年第1期。

48. 杨丹:《我国处理医疗事故刑事案件的实证分析》,载《中国刑事法杂志》,2008年第6期。

49. 王占明:《论英美法违反"告知后同意"过失侵权的构成要件》,载《环球法律评论》,2009年第4期。

50. 冯军:《专断性医疗行为的刑事处罚及其界限》,载刘明祥主编:《过失犯研究——以交通过失和医疗过失为中心》,北京大学出版社2010年版。

51. 刘艳红:《犯罪构成要件:形式抑或实质类型》,载《政法论坛》,2008年第5期。

52. 张明楷:《司法上的犯罪化与非犯罪化》,载《法学家》,2008年第4期。

53. 刘艳红:《刑法的目的与犯罪论的实质化》,载《环球法律评论》,2008年第1期。

54. 欧阳本祺:《对〈刑法〉第17条第2款的另一种解释》,载《法学》,2009年第3期。

55. 刘艳红:《犯罪构成体系平面化之批判》,载《法学研究》,2011年第5期。

56. 张明楷:《以违法与责任为支柱构建犯罪论体系》,载《现代法学》,2009年第6期。

57. 齐文远、周详:《对刑法中"主客观相统一"原则的反思》,载《法学研究》,2002年第3期。

58. 樊文:《罪刑法定与社会危害性的冲突——兼析新刑法第13条关于犯罪的概念》《西北政法学院学报》,载《法律科学》,1998年第1期。

59. 陈兴良:《社会危害性理论:进一步的批判性清理》,载《中国法学》,2006年第4期。

60. 陈兴良:《客观归责的体系性地位》,载《法学研究》,2009年第6期。

61. 冯亚东:《中德(日)犯罪成立体系比较分析》,载《法学家》,2009年第2期。

62. 张明楷:《违法阻却事由与犯罪构成体系》,载《法学家》,2010年第1期。

63. 陈兴良:《社会危害性理论——一个反思性检讨》,载《法学研究》2000年第1期。

64. 王充:《体系与机能之间——论构成要件与违法性的关系》,载《法律科学》,2011年第2期。

65. 杜宇:《合分之道:构成要件与违法性的阶层关系》,载《中外法学》,2011 年第 4 期。

66. 王强:《我国〈刑法〉第 13 条但书规定新解——兼论但书在犯罪构成理论中的展开》,载《法律科学》,2011 年第 5 期。

67. 高铭暄:《论四要件犯罪构成理论的合理性暨对中国刑法学体系的坚持》,载《中国法学》,2009 年第 2 期。

68. 刘艳红:《交通过失犯认定应以结果回避义务为基准》,载《法学》,2010 年第 6 期。

69. 刘明祥:《"被教唆的人没有犯被教唆的罪"之解释》,载《法学研究》,2011 年第 1 期。

70. 冯军:《刑法中的自我答责》,载《中国法学》,2006 年第 3 期。

71. 松井茂记:《论自己决定权》,莫纪宏译,载《外国法译评》,1996 年第 3 期。

72. 林来梵:《宪法上的人格权》,载《法学家》,2008 年第 5 期。

73. 刘远征:《论作为自己决定权的姓名权——以赵 C 姓名权案为切入点》,载《法学论坛》,2011 年第 3 期。

74. 韩大元、于文豪:《论人体器官移植中的自我决定权与国家义务》,载《法学评论》,2011 年第 3 期。

75. 王贵松:《价值体系中的堕胎规制——生命权与自我决定权、国家利益的宪法考量》,载《法制与社会发展》,2007 年第 1 期。

76. 杨立新、刘召成:《论作为抽象人格权的自我决定权》,载《学海》,2010 年第 5 期。

77. 车浩:《自我决定与刑法家长主义》,载《中国法学》,2012 年第 1 期。

78. 秦宗文:《刑事强制医疗程序研究》,载《华东政法大学学报》,2012 年第 5 期。

79. 陈卫东、柴煜峰:《精神障碍者强制医疗的性质界定及程序解构》,载《安徽大学学报(哲学社会科学版)》,2013 年第 1 期。

80. 姜涛:《人之图像与刑法的实质解释》,载《政法论坛》,2013 年第 3 期。

81. 梁云宝:《超法规违法阻却事由之外置化——四要件犯罪论体系下的定位》,载《法学评论》,2011 年第 6 期。

82. 车浩:《论被害人同意的体系性地位——一个中国语境下的"德国问题"》,载《中国法学》2008 年第 4 期。

83. 车浩:《论刑法上被害人的同意能力》,载《法律科学》,2008 年第 6 期

84. 苏力:《医疗上的知情同意与个人自由和责任——从肖志军拒签实践切入》,载《中国法学》,2008 年第 2 期。

85. 庄晓平:《也谈医疗的知情同意与个人自由和责任——与苏力教授商榷》,载《自然辩证法通讯》,2012 年第 1 期。

86. 张明楷:《论刑法的谦抑性》,载《中南政法学院学报》,1995 年第 4 期。

87. 车浩:《德国关于被害人同意之错误理论的新进展》,载《环球法律评论》,2008 年第 6 期。

88. 赵西巨:《医疗美容服务与医疗损害责任》,载《清华法学》,2013 年第 2 期。

三、外文资料

1. Fred Twine. Citizenship and Social Rights: The Interdependence of Self and Society. London: SAGE Publications, 1994.

2. J. Sustin. The Province of Jurisprudence Determined. London: Weidenfeld & Nicholson, London, 1954.

3. Stanley Lubman. Introduction: The Future of Chinese Law. The Chia Quarterly, 1995, vol. 141.

4. Theodore W. Sehultz, Transforming Traditional Agriculture. New Haven: Yale University Press, 1975.

5. Joel S. Migda. Strong Societies and Weak States. Princeton: Princeton Uni

6. Kuznets, S. Economic Growth and Income Inequality. American Economic Review, 1955, 45(1).

7. Mushfiq Us Saleheen, Dean Stansel. Economic Freedom, Corruption and Growth. Cato Journal, 2007, 27(3).

8. Brown, T. F. Theoretical Perspectives on Social Capital. University of Wisconsin Working paper, 1997.

9. Fukuyama, F. Social Capital, Civil Society and Development. Third World Quarterly, 2001(1).

10. Henry Shue. Basic Rights Subsistence. Affluence and U. S. Foreign Policy: Princeton University Press, 1980.

11. Mario Gomez. Social Economic Rights and Human Rights Commissions. 17 Hum. Rgts. Qt. 155, at155(1955).

12. Foucault. Dits et Ecrits. (Ⅱ). Gallimard, 1994.

13. Huseby, B. M. Attitudes towards the Size of Government. 1995. In Borre, O. and Scar brough E. (eds) The Scope of Government, Oxford University Press.

14. Per-Martin Meyerson. The Welfare State in Crisis the Case of Sweden.

Federation of Swedish Industries,1982.

15. Bertus De Villiers,Social and Economic Rights. In David van Wyk and John Dugard(eds). Rights and Constitutionalism: The New South African Legal Order. Clarendon Press,1995.

16. Harvard School of Human Rights Program. Economic and Social Rights and the Right to Health—An interdisciplinary discussion held at Harvard Law School in September 1993. (1995,Harvard),Harvard discussion.

17. Economic,Social and Cultural Rights: Real Rights,Right Now. The NGO Coalition for an Optional Protocol to the ICESCR,February 2004.

18. Georg Jellinek. System der Subjektiven Offentlichen Recht,Neudruck der 2. Auflage Tubingen 1919,Scientia Verlag Aalen 1964.

后记

本书系在博士论文的基础上修改而成。真的没有想到过自己有一天会读博士。我出生在湘江边的一个小城，在小城完成了小学、初中、高中整整12年学业之后，沿江而上，进入江城武汉就读于中南财经政法大学。在美丽的南湖边完成七年的法学学业之后，以为此生的学业可能算是告一段落，从湘江边到长江岸，从高中到大学，也算是"支流进入干流"，修成正果。没想到在硕士毕业六年之后，又进入古都南京攻读博士学位。回溯过往22年的求学生涯，真的有许多的"万万没想到"。不过，也许正如西原春夫所言，人生中越是重要的事情越是被偶然性所左右，冥冥之中自有天意。仔细想来，过往的人生旅途和求学历程都与"水"有关，莲城湘潭、江城武汉、古都南京，都是滨江而建的城市。中南政法外临南湖，内置晓南湖，而九龙湖更是环绕着东南大学法学院，逐水而居，随水而安，或看涓涓细流，或看大江东去，何等快意！从少年儿郎，到头生白发，个中经历犹如弯弯一水，虽有曲折，也算是终汇大海。在高考填报志愿时，父亲希望我报考财经学院，而我却执意要报考政法学院。年少轻狂之时虽不知"法"为何物，却心向往之，自此与"法"结缘，成为一生之职业与追求。遥想当年，万万没想到能攻读博士，万万没想到以法律为职业，或是机缘巧合？或是命中注定?!

如果从读本科算起，进入法学殿堂也算有十余年了。十余年间，虽然荒废了许多时光，但终究没有与"法"失联，也算是缘分。报考研究生的时候，基于研究生文凭更好就业，也基于刑法学似乎较为容易报考的想法，选择了刑法学作为专业。一入"侯门"深似海。万万没想到志以为业的刑法学是如此博大精深，回想当年想法之幼稚，不禁哑然失笑。读研时忙于司法考试，又或忙于就业或是毕业论文，以至于对刑法学有着较深认识时已是博士阶段。域外德日刑法学历经数百年发展，已然体系完备，虽时有理论推陈出新，也不过是对精美理论大厦的修修补补，虽令人印象深刻，但并未动摇其一脉相承的根基。而在我国，刑法学经历了从无到有、从缺到全的艰难历程。从全面学习苏俄刑法到"去苏俄化"，再到研习、借鉴德日刑法，"中体为用"并不明显，但"西学东渐"已是不可逆转的潮流。窃以为，刑法学发展至今日，主要有两个面向：一方面，刑法学理论自身向精细化发展，追求更加精致的理论、更为精细的论证和更加精确的解释。"片面的深刻"成为当代刑法学发展最为显著的特色。这与刑法学学科日渐成熟、刑法学派日益形成、刑法学研究日益深入密切相关。另一方面,刑法学科日益扩展并与其他学科形成交叉,形成了诸如“环境刑法”、“劳动刑法”等新的分支,这是刑法学边界不断拓展的体现,也是其他领域迫切需要刑法予以规制的标志。基于此种认识,我以“医疗刑法”作为大的选题方向,确定了博士论文的研究领域。医疗刑法是刑法学与医疗行业交叉研究的产物。医患纠纷的不断增多并成为影响社会的重要问题,使得医疗刑法一时成为理论研究的热门领域。本书所选取的是医疗刑法中一个非常小的领域——专断性医疗行为作为研究对象,希望对它的研究如同微创手术一样,秉着“小切口、高深入”原则,对其进行深入透彻的研究。更远的学术追求是,希望能借助这个小小的支点,去撬动、挖掘医疗刑法这座学术富矿。但是,当我真的按照此种意愿写完这篇论文最后一个字时,各种复杂的心绪涌上心头,喜悦?遗憾?惶恐?抑或是其他?难以名状。如释重负般的惬意终被忐忑不安所取代:这就是我博士三年学业的总结?似乎与当初设立的目标相去甚远!理想的丰满与现实的骨感再一次得到了印证。

感谢导师刘艳红教授。初识刘师时还是在读研二,那时她在中南政法的南教给我们上了一学期的“欧陆日本刑法”。随后多年未有太多的联系,直至我考入东南大学法学院攻读刑法学博士学位。入门时,我属于年纪偏大且学术潜力并不出众之人,然老师并未嫌弃,毅然招我入门。读书期间,我虽天资愚钝但态度还算认真,故学业虽不如同门师兄弟那么出彩,但也算是如期顺利毕业。老师总是怀着一颗宽容之心,不厌其烦地在专业上敦促我前行。她精湛的学识以及严谨的专业态度已为学界所公认,也令我受益良多。本书从大纲的制定到章节设计以及具体行文,都倾注了老师的大量心血。论文完成后,老师又积极为我联系出版事宜。对年轻人包容与帮助、对专业的精益求精、对生活的关怀备至是门下弟子对刘师的共同印象。谨记师恩之余,唯恐辜负了老师的期望和厚爱。博士阶段应该是纯正意义上的最后学生阶段了,在这样重要而宝贵的时光中,遇到刘师,何其幸甚!

感谢我的父母。我的父母是小县城普通的职员,虽不懂“故意”、“过失”为何物,但支持我读书成为他们的信仰——不计成本更不计回报。自读本科离开家乡以来,回家很少,不但未尽赡养之义务,还让二老时常操心。每每想起,便心生愧疚。自读大学以来,我便坚持每周都和父母通电话,十余年来从未间断。虽不在身边,但父母见证了我的成长,我也见证父母逐渐老去。可以肯定,我所取得的所有成绩——如果有成绩的话,都和父亲的告诫与鼓励、母亲的唠叨与关怀是分不开的。感谢我的哥哥和姐姐。哥哥、姐姐不但时常给予我资助,且承担了本应由我承担的照顾父母的责任,没有他们的支持我是难以顺利完成学业的。

谢谢我的妻子熊伟博士,感谢她的默默付出。正是她为我创造了一个良好的论文写作环境，让我安心写作，而她则承担了家庭琐事、柴米油盐甚至更多……

感谢我的同窗梁云宝、张晶、王传干、董宏伟、姚曙明等同学，时常记起一起上图书馆、一起在九龙湖钓鱼、一起争论、一起骑自行车到很远地方的那些日子……

还有许多人应该感谢，在此不能一一列出他们的名字，但我在心里从未忘记，他们是我生活中的益友，也是我专业上的良师，是我不断前行的动力。博士学业的完成是学生时代的结束，也是新的生活的开始。人作为社会的动物总是会和许多的人产生关联，这种关联，也许就是生命的全部意义：人生命的意义不在于个体本身，而在于与你有千丝万缕联系的那些人——你爱的和爱你的人！正因为如此，每个人都应该谨记自己身上的责任和义务，不断前行以回报那些关爱你的人。

我也将继续前行！

杨 柳

2015 年 10 月 10 日记于中南政法晓南湖畔